우리 집
부자교육

부모와 아이가 함께하는 **돈 공부**

우리 집
부자교육

김진성 지음

프로방스

우 리 　 집 　 부 자 교 육

들어가는 글

재테크 책을 쓰려고 몇 년을 고민했습니다. 1997년부터 재테크를 공부하고 투자를 했기에 20여 년간의 경험을 전달하고 싶었습니다. 쓰려고 하다 보면 두려운 마음이 들었습니다. 아직 "나는 부자다."라고 이야기하기에 부족하기도 하고, 괜스레 재테크 이야기로 구설에 오르기가 싫어서지요. 작은 부자는 시기를 하고 큰 부자는 경외하는 것이 세상입니다. 조용히 작은 부자의 길에 한 발 내디뎠는데, 안 좋은 소리로 멘탈이 흔들릴 거 같아 두려웠습니다.

두려운 마음에도 재테크 책을 쓰기로 했습니다. 결정적인 이유는 제가 부모교육을 하는 사람이기 때문입니다. 부모와 아이가 함께하는 경제 이야기가 부모교육의 중요한 부분이라고 생각했습니다. 제가 작은 부자의 길을 한 발 걸어보니 부모가 먼저 경제 공부를 해야 하고, 아이들과 함께해야 하는 이유가 눈에 보였습니다. 두 번째는 저의 아이들도 부자가 되었으면 하는 마음에서 책을 쓰기 시작했습니다. 나중에 아이들이 아빠의 경험을 통해 본인만의 투자의 기준을 잡기 바라서입니다.

좋은 재테크 책은 도서관에 가면 책장 가득히 있습니다. 전문가들의 경제 강의도 유튜브에 넘치도록 있고요. 저도 책과 다양한 강의를 들으면서 계속 공부하고 투자하고 있습니다. 성공도 했고 실패도 했지요. 이 책에서는 이러한 저의 투자 경험을 미흡하나마 적어보았습니다. 경험을 바탕으로 아이를 키우는 아빠로서 아이들에게 어떻게 적용할 건지에 대해서 이야기를 나누고 싶었습니다. 책은 크게 3가지 내용으로 구성을 했습니다.

1장과 2장에서는 맞벌이 부부로서 10년 동안 어떻게 10억 원을 모았는지 그 인생 스토리를 담았습니다. 우리의 스토리는 계속 진행중입니다. 이제 간신히 작은 부자의 길을 걷고 있기에 죽기 전까지 계속 공부하고 투자해서 자산을 불려가야 합니다.

처음은 부동산으로 시작했지만 주식, ETF, ELS, 금, 달러 등으로 투자를 확대하고 있습니다. 나이를 먹으면 부동산 관리가 어려우니 10년 후에는 금융자산을 더욱 늘리려고 지속적으로 공부중입니다.

3장과 4장에서는 부모와 자녀가 경제 공부를 해야 하는 이유와 어떤 방향으로 해야 하는지 그 이야기를 담았습니다.

부모교육을 하면서 종종 경제교육도 함께 합니다. 특히 신혼부부 대상 경제교육을 많이 합니다. 신혼부부와 자녀가 있는 부부의 온도 차가 심합니다. 신혼부부에게 경제교육을 하면 필기를 하면서 열심히 쫓아옵니다. 새로 시작하니 빠르게 경제적 자유인이 되고 싶은 마음이 가득한 거죠.

기혼 부부를 대상으로 강의할 때 "경제 공부를 시작해 보겠습니다."라고 하면, "저는 경제를 전혀 모르는 데 어떻게 하죠?"라고 벽을 치는 분들이 꼭 있습니다. 자녀를 키우고 삶에 지쳐서 경제에 대한 자존감이 떨어져 있는 것이죠. 이럴 때 한마디합니다. "내가 경제를 모른다고 해서 아이들도 경제를 모르게 키우고 싶으신가요? 우리 아이들이 부자로 사는 모습을 보고 싶다면, 지금 부모님부터 공부를 시작해야 합니다." 부모부터 경제 공부를 하고 경제적 관념을 가져야 아이들도 경제 개념을 가지고 사회에 나갈 수 있습니다. 부모교육에서 항상 하는 말이 있습니다. '부모는 자녀의 거울이다.' 경제에서도 같습니다. 내가 지금 부자가 아니더라도 부자의 습관을 만들어 간다면, 최소한 우리 아이들은 부자가 될 수 있습니다. 부모의 습관을 물려받을 테니까요.

5장에서는 투자를 하면서 만들어진 저의 돈 공부 방법을 이야기했습니다. 특히 돈에 대한 메타인지를 늘려야 하는 이유에 대해서 적어 보았습니다. 메타인지는 나 자신을 정확하게 파악하는 능력입니다. 경제에서는 나의 자산, 나의 투자 성향, 나의 투자 방향을 정확하게 보는 것이 성공의 기본 조건이기에 메타인지가 더욱 중요합니다.

IQ는 변하지 않지만, 메타인지는 노력으로 상승시킬 수 있습니다. 부모의 노력과 관심으로 자녀의 경제 메타인지를 늘려주어야 합니다. 아이들이 경제적 자유인이 되기를 바란다면 말이죠.

돈을 버는 방법에는 틀린 길이 없습니다. 남한테 해를 입히지 않는다면 모두 바른길입니다. 다만 지름길, 정도로 가는 길, 돌아가는 길 등이 있습니다. 저는 세 가지 길을 다 걸어보았습니다. 주식으로 지름길을 가보기도 하고, 10년 이상 장기 부동산 투자로 돌아가 보기도 했고요. 은행 적금을 이용해 시드머니를 만드는 정도의 길도 가보았습니다. 주변에는 리츠 투자하는 사람도 있고, 선물 옵션을 하는 사람도 있습니다. 최근에는 코인으로 큰돈을 벌거나 잃은 사람도 있지요.

투자에는 정답이 없습니다. 다양한 해답만 있지요. 돈을 벌었다면 좋은 해답을 찾은 것이고, 돈을 잃었다면 나쁜 해답을 쫓아간 것입니다. 경제 쪽 메타인지가 잘 발달한 사람은 나쁜 해답을 바로 버리고 좋은 해답을 다시 찾아갑니다. 실패를 통해서 분석하고 이전 경험과 비교하여 본인의 투자 성향과 방향을 수정합니다. 부모가 해야 할 일은 이런 메타인지를 키워주는 것입니다. 우리가 아이들 먹고살 것을 평생 책임져 줄 수 없기 때문입니다.

책에서는 제가 했던 투자의 해답을 이야기합니다. 우리 부부만의 해답이기에 다른 부부에게는 참고자료입니다. 책을 읽으시면서 본인과 자녀를 위한 경제 공부 방법의 아이디어만 찾아도 저는 만족합니다. 아이디어 하나가 본인만의 해답을 찾는 길잡이가 되기 때문입니다. 이 책을 통해서 본인만의 아이디어를 찾아 아이들과 함께 경제적 자유인이 되는 해답에 한 발 내딛기를 희망해 봅니다.

우 리 집 부 자 교 육

CONTENTS

제 2 장 투자의 시작

제 3 장 부모부터 경제 공부

제 4 장 우리 아이 경제교육

제 5 장 돈 공부, 무엇을 해야 할까요?

제 1 장

돈 공부,
기본이 전부다

우 리 집 부 자 교 육

1

100만 원 월급쟁이
2,000만 원 종잣돈 만들기

"긍정적 미래를 위해서 어떤 노력을 하고 있나요?"

경제 분야 기사들을 보면 부정적인 이야기가 많다. 미래가 깜깜하다는 것이다. 기사를 자극적으로 써야 관심을 가지기에 부정적인 내용을 계속 만들어낸다. "월급을 아무리 모아도 집을 살 수 없다."라는 기사에 사람들이 고개를 끄덕인다.

"월급 한 푼도 안 쓰고 18년 6개월 모아야 인 서울 내 집 마련 가능"이란 기사 제목을 보면 어떤 생각이 드는가? 아마 정부를 원망하고, 세상을 원망하는 댓글이 몇백 개는 미친 듯이 달릴 거다.

"100만 원 월급쟁이가 어떻게 2천만 원 모을까요?"란 기사 제목에는 어떤 댓글이 달릴까? 주식이나 코인을 하라는 댓글부터,

100만 원 월급으로 언제 모으냐는 등의 댓글이 달릴 것이다. 물론 긍정적인 댓글도 종종 있다. 종잣돈을 모으는 것이 기본이라는 글도 있을 것이고, 한 달에 50만 원씩 모으면 40개월이 걸린다는 댓글도 있을 것이다. 긍정적인 댓글은 전체 20개 중에 1~2개 정도 발견할 수 있다.

부정적인 기사에는 안티 댓글이 수백 개는 달리고, 긍정적인 기사에는 좋은 댓글도 간혹 보이지만 전체 댓글 자체가 적다. 사람들의 심리가 내가 지금 살기 힘드니 모두가 다 살기 힘들다는 기사를 더 좋아하기 때문이다. 그러면서 언론이 주도하는 공포에 깜깜한 미래를 그려본다.

책이나 기사들을 볼 때 비판적 사고가 필요하다. 비판적 사고를 위해서는 질문과 경험이 필수다. 질문과 경험을 통해 머리 위에서 유체 이탈을 한 영혼이 내려다보듯이 봐야 객관적이고 비판적인 판단이 되는 것이다.

신입사원 때가 생각난다. 라떼 스토리이기는 하지만, 경제 이야기를 하기 위해서는 빼먹기 힘든 이야기다. 100만 원 월급쟁이가 첫 종잣돈인 2천만 원을 모은 이야기다. 30년 전 이야기라서 비판적 사고가 필요하겠지만, 모든 부자의 기본은 동일하다고 생각하기에 가감 없이 적어 본다. 나에게는 긍정적인 이야기이고, 누구에는 부정적인 이야기가 될 수 있다.

30년 전 2천만 원 모으기

나는 1998년 3월에 첫 월급을 받았다. 아직도 기억이 난다. 본봉 45만 원에 기타 수당이 더해져서 매달 약 80~100만 원 정도였다. 98년도에는 연봉 개념이 정립되지 않았던 시기여서 상여금도 있었고 체력단련비도 있었다. 연말에 대략 정리해 보면 1,200만 원 정도의 연봉이 되었다.

대학교 때 용돈은 30만 원이었는데, 직장인이 되었다고 용돈을 더 쓸 이유는 없었다. 고맙게도 부모님 덕에 주거는 무상이었기 때문이다. 그래도 직장인이라고 술값에 종종 조금씩 더 쓰기는 했다.

1998년도에 짜장면 가격이 약 2,000~2,500원 정도였다. 지금은 5,000~6,000원 정도 한다. 월급 100만 원을 현재 짜장면 가격으로 환산하면 약 250만 원 정도다. 요즘 9급 공무원 급여와 비슷한 듯하다.

3년간의 직장생활 후 통장을 보니 약 2,000만 원 정도가 있었다. 월평균 55만 원 정도 저축한 것이다. 급여의 55%를 저축했다. 만약 250만 원의 급여였다면 138만 원 정도 저축을 했을 것이고 5천만 원 정도를 모았을 거다. 누군가는 독하게 모았다고 할 수 있겠지만, 크게 힘들지는 않았다. 30년 전을 돌이켜 보니 몇 가지 이유가 있었다.

종잣돈 모으기가 가능했던 이유

첫 번째는 습관이다. 어릴 때부터 과소비하는 집이 아니었고, 저축은 당연하다고 배워왔다. 그러다 보니 첫 직장에 입사할 때도 저축을 기본으로 생각했다. 얼마를 모으겠다는 목표는 없었고 그냥 '모아 보자'라는 생각을 했다. 쓰는 돈이 별로 없으니 자연스럽게 돈이 모였다.

두 번째는 부모님 댁에 거주했다는 것이다. 실제로 주거비용만 없다면 월급이 적어도 어떻게든 살아간다. 대학을 졸업하고 약 10년 정도 부모님 댁에서 직장을 다녔는데, 지금 생각해 보면 인생에 큰 도움 중 하나였다. 부모님과 함께 살면서 주거와 식비를 절약하는 것은 종잣돈을 모으기 위한 대단한 혜택이다.

세 번째는 스마트폰과 인터넷 쇼핑이 없었다. 당시에는 PCS 핸드폰이 막 시중에 나올 때였기에 삐삐를 사용하고 있었다. 인터넷은 모뎀을 이용하여 채팅 정도만 가능할 때였다. 지금처럼 쉽게 물건을 사거나 할 수 있는 환경이 아니었기에 손가락 하나로 과소비할 수 없었다. 당연히 돈을 적게 쓰고 모을 수 있는 환경이었다. 물론 술값 등으로 탕진하던 친구들도 분명히 있었다. 돈을 쓰려면 얼마든지 쓸 수 있었지만, 지금보다는 충동구매를 할 기회가 적은 건 사실이었다.

네 번째는 체크카드와 현금을 사용했다. 1997년 IMF로 인해서 사회 전반적으로 재테크가 유행이었다. 코로나 팬데믹 상황과 비슷하다고 보면 될 거다. 취업이 어렵고, 경제가 어려웠기에

나도 유행에 편승하여 열심히 재테크 공부를 하다 보니 신용카드 대신 체크카드와 현금을 사용했다. 체크카드와 현금을 사용하니, 가계부를 쓰지 않아도 매월 입출금을 대략적으로 파악할 수 있었다. 직장인이 되면 기본적으로 신용카드를 만드는데, 신입 직장인이라면 체크카드를 추천하고 싶다. 신용카드는 어느 정도 자산이 모이고 나서 사용해도 된다. 잠시의 불편함이 미래의 자산을 늘려줄 수 있기 때문이다.

다섯 번째는 IMF라는 사회 분위기였다. IMF 이전에는 재테크라는 단어도 없었다. IMF로 가정 경제가 어려워지자 일본에서 한자 '재무(財務)'와 영어의 'technology'를 합해서 '재무 테크놀로지'라는 단어가 생겼다. 대학생 때 "첫 월급은 모두 술값으로 쓰는 거야."라고 선배에게 농담 반 진담 반으로 들었는데, 실제 첫 월급을 받았지만 아무도 술 사란 이야기를 하지 않았다. "그 돈 잘 모아라. 요새 세상이 힘들다."라는 이야기를 들었다. 남들은 IMF 때문에 경제적으로 어려웠지만, 나는 덕분에 재테크 공부를

하고 저축을 할 수 있었다.

코로나 팬데믹 시대의 신입사원이라면 술자리나 사람 만나는 상황이 줄 것이기에, 아마도 IMF 때의 나와 비슷한 상황을 겪을 거다. 소학행이라고 하면서 과소비를 하지 않는다면 분명 저축하기에 좋은 기회이기도 하다.

종잣돈 만들기 기본은 습관과 환경이다

종잣돈을 모을 수 있었던 다섯 가지 이유를 두 개로 요약하면, 습관과 환경이다. 저축과 절약 습관 그리고 주변 환경이 재테크를 응원해 주어야 한다.

돈 공부의 가장 기본은 저축이다. 저축 습관이 없다면 만들어야 한다. 신용카드가 있다면 잘라버려야 한다. 남들이 코인이나 주식, 부동산으로 돈을 번다고 이야기하면 우선 신경 쓰지 말고 종잣돈부터 모아야 한다. 종잣돈이 모이면 투자할 수 있는 여러 가지 방법이 생긴다. 월급이 적어도 어떻게든 아끼고 모아야 한다. 부모님과 함께 사는 게 싫더라도 살아야 한다. 어딘가에 빌붙을 곳이 있으면 우선은 자존심 내려놓고 빌붙어야 한다. 나에게 도움을 준 사람에게는 나중에 돈 많이 벌어서 보답하면 된다.

성격에 따라서 강제저축을 하는 것도 방법이다. 무조건 월급의

60~70%는 저축하고 남은 돈으로 생활하는 거다. 억지로 저축하는 환경을 만드는 것이다. 궁핍하다고 생각할 수 있지만, 종잣돈이 모이는 것을 보면 견딜 수 있다. 주변에 술친구보다 재테크를 좋아하는 사람들을 만나고, 관련 책을 보는 것도 돈을 모으는 환경 구축의 기본이다.

처음 2천만 원 모을 때까지 3년이 걸렸지만, 2천만 원에서 10억 원이란 자산이 만들어지기까지 12년 정도 걸렸다. 종잣돈이 모이고 투자를 통해서 자산을 불려 나가면 수치상으로 설명하기 어려운 자산 상승이 일어난다. 지속적인 투자로 인한 복리의 마법이 생긴다. 투자해서 수익이 난 금액까지 다시 투자하니 그것이 복리다. 어느 순간 나도 모르는 투자의 호재가 발생하기 때문에 수익률 상승 공식을 설명하기 어렵다. 다만, 한 가지 명확한 것은 있다. 자산이 불어나게 하려면 기본은 저축이고, 주변을 재테크할 수 있는 환경으로 만들어야 한다.

미래가 깜깜하다고 믿지 말고, 조금씩 빛이 들어오는 미래를 만들어 가기 위해서 습관을 만들고 환경을 구축해야 한다. 현재 프리랜서를 하기 전까지 약 16년간 직장생활을 했다. 16년 동안 항상 급여의 50~70%를 저축했다. 급여가 올라가고, 자산이 형성되어도 패턴은 계속 유지했다. 프리랜서를 하면서 수입이 줄었지만, 수입이 생길 때마다 항상 특판예금, ELS, MMF, CMA 등에 넣어 둔다. 추가 투자를 위한 종잣돈을 만드는 거다. 종잣돈을 통해 밝은 미래를 보았기에 습관적으로 계속하는 거다. 만약 지금 나의 급여가 100만 원이라도 나는 똑같은 생활을 할 거다. 어쨌든 저축을 통해 종잣돈을 만들어야 다음을 향해 나갈 수 있기 때문이다.

2

기본 생활비
얼마나 쓰십니까?

"여러분의 가정은 한 달 생활비로 얼마를 쓰고 계십니까?"

　재테크 공부를 하다가 우연히 군대 후임을 만났다. 군대 후임은 강사로, 나는 교육생으로 말이다. 서로 제대한 지 10년이 넘었으니, 긴가민가하다가 부대 이야기로 넘어가면서 서로 반갑게 인사를 했다. 군대 후임은 젊은 나이에 여러 경험을 하고, 최종적으로 보험 설계사 일을 하고 있었다. 보험 설계사라 하면 보통 거부감을 일으키는데, 이 친구랑 이야기해 보니 마인드가 달랐다. 보통 보험 설계사는 수당이 많이 남는 보험을 파는데, 군대 후임은 괜찮은 보험 몇 개를 박리다매로 판매했다. 남들 10만 원짜리 보험 가입시킬 때 3만 원짜리 보험 3개를 가입시키는 것이다. 덕분에 지금도 유일하게 연락하는 보험 설계사다.

군대 후임의 강의는 인생 자금 계획과 가계부 관련 강의였다. 본인의 이야기를 풀어가는데 헉 소리가 났다. 처음부터 강했다. 3인 가족 한 달 생활비가 100만 원이라는 것이다.

나도 아끼면서 산다고 생각했는데 3인 가족이 100만 원이라니, 이거 믿어도 되나? 나중에 강의가 끝나고 따로 물어보았는데 비결이 있었다. 먹거리들을 양가에서 가져다 먹는다고 한다. 물론 최대한 허리띠 졸라매는 건 기본이란다.

아내랑 같이 강의를 들었는데, 둘이서 머리를 흔들었다. 우리는 그렇게 살 수 없다고 말이다. 결과론적으로 군대 후임의 가족은 먼저 자산 10억을 달성했고, 지금은 여유로운 삶을 산다. 다만, 여전히 절약과 저축은 꾸준히 실천하고 있다.

결혼하고 아내와 가계부를 써봤다. 두 달 정도 썼나? 포기했다. 가계부를 쓰는 건 꾸준히 살을 빼기만큼 어렵다. 다이어트처럼 매년 초에 가계부를 쓸까 고민한다. 그러다 실패하거나 포기한다.

아내와 고민하다가 강제저축을 하기로 했다. 먼저 저축과 소비를 분리했다. 대출금을 갚고, 저축하는 부분을 떼어내고, 소비하는 부분을 작성했다. 당시의 자금 계획표를 보니 2인 가족 생활비가 138만 원이다.

항목	금액(단위 원)
관리비+가스비	100,000
남편 용돈	400,000
먹거리	150,000
부인 기름값	250,000
차량 유지비	100,000
부인용 돈	200,000
기타 문화활동비	100,000
실손보험	50,000
인터넷	30,000
합계	**1,380,000**

개인 핸드폰 요금과 경조사비는 각자 용돈에서 사용했다. 보일러를 교환해야 한다거나, 세탁기를 사야 한다거나 하는 큰돈은 그때마다 별도로 처리를 했다. 50~60만 원 되는 돈을 용돈으로 처리하기에는 어렵지 않은가?

항목을 보다 보니 먹거리, 그러니까 집에서 해먹은 음식 비용이 15만 원이다. 여기도 몇 가지 이유가 있다.

첫 번째는 강제저축을 하다 보니 비용이 부족했다. 두 번째는 맞벌이라 집에서 음식을 잘 먹지 않았을 때였다. 평일에는 회사에서 저녁도 주니 크게 식비가 들지 않았다. 세 번째는 음식솜씨가 별로일 때라 한 끼에 메인 반찬이 한 가지였다. 물론 김치는 양가에서 얻어왔다. 네 번째는 신혼의 꽃은 둘이서 먹는 맥주 한 잔이 아닐까? 각자 용돈 범위에서 저녁 대신 맥주 한 잔을 자주 마신 듯하다. 그 당시 마트 최저가 890원짜리 맥스 병맥주를 많이 마셨다.

아이가 태어나서도 생활비는 크게 변동이 없었다. 모유 수유를 했기에 기저귓값 정도만 늘어났다. 둘째 때는 양육수당도 나왔기에 기저귀 비용도 보충이 되었다. 옷은 얻어 입히기도 하고, 인터넷 최저가로 구매하니 1년에 10만 원도 들지 않았다. 사람마다의 가치관이기는 한데, 아이들이 부쩍 크기 때문에 굳이 좋은 옷과 신발은 필요 없다고 본다. 그 돈을 모아서 여행을 간다거나, 중·고등학교 때 예쁜 옷과 신발을 사 주는 것이 더 합리적이라고 생각한다.

맞벌이를 하기에 아이를 돌 때부터 어린이집에 보내면서 고민을 했다. 비용에 대한 문제도 있고, 돌봄에 대한 문제도 있었다. 운이 좋게 첫 아이 입소하는 달부터 마침 무상 보육이 시작되었다. 덕분에 육아 비용이 확 줄었다. 40~50만 원 정도는 월에 소모하리라 생각했었는데, 특별활동비로 월에 3~10만 원 정도만 지출했다. 어린이집에서 오후 4시에는 하원을 해야 하기에 돌봄 문제는 부모님 찬스나 아이돌보미 서비스를 이용했다. 최대한 가능할 때까지 월 소비 비용을 줄였다. 부모님은 힘이 드셨겠지만, 자식이 아끼고 아껴서 잘 살 수 있는 기반을 만들어 가는 것이 보이니 더욱 응원하고 도와주셨다. 만약 내가 찌질하게 살았다면 부모님도 도와주고 싶은 마음이 덜했을 것이다.

둘째가 태어나고 나서는 부모님에게 150만 원을 드리고 아이들 하원을 부탁드렸다. 어쩔 수 없이 월 소비 비용이 증가하였지만, 맞벌이의 이득이 더 컸다. 결혼 전보다 월급이 올랐고, 계속 맞벌이를 하고 투자를 해서 소득이 점점 늘었기 때문이다.

월 생활비가 100만 원은 아니었지만, 138만 원이라는 생활비로 살다가 3인 가족 150만 원 정도 생활비로 살았다. 모자란 감이 있었지만, 돈이 없어서 힘들었다는 감정은 없었다. 그 시간을 즐겼다. 돈이 모이다 보면 어느 순간 여유가 생길 거라는 희망을 바라보았다. 다만 20년씩 했다면 숨이 막혔을 거다. 10년만 눈 딱 감고 최대한 생활비를 줄였다. 결혼하고 12년이 지났다. 지금은 먹는 비용만 200만 원은 된다. 아이들이 엄청나게 먹어댄다. 그런데도 저축 금액은 신혼 때보다 늘어나 있다. 나는 프리랜서를 하기에 수입이 줄었지만, 투자처에서 들어오는 금액이 나의 부족한 부분을 메꿔주고 있다. 아내의 급여도 올랐고 여전히 회사를 열심히 다니고 있다.

재테크 공부를 하면서 가장 많이 들은 말이 있다.

"월급이 100만 원이라고 할 때 10만 원 더 버는 게 쉬울까요? 10만 원 절약하기가 쉬울까요?"

10만 원 버는 것은 내 의지대로 안될 수 있지만, 10만 원 줄이는 것은 내 의지대로 할 수 있다. 의지만 있다면 부자로 가는 기초를 만들 수 있는 것이다. 저축과 절약, 이 두 가지가 부자로 가는 최소한의 기본 조건이라는 것을 잊지 말아야 한다.

3

쪼개야 모이는 돈 돈 돈

"당신은 통장을 몇 개 가지고 있습니까?"

지금은 통장을 만드는 것이 까다롭지만, 2010년 3월 이전만
해도 여러 개 통장을 만드는 데는 제한이 없었다. 덕분에 통장 쪼
개기가 유행이었다. 물론 지금도 인터넷에 통장 쪼개기라고 치면
다양한 콘텐츠가 검색된다. 지금까지도 통장 쪼개기가 재테크의
기본이라 여겨지기 때문이다.

사회생활을 시작하게 되면 돈도 많이 벌고 어깨에 힘도 들어갈
줄 알았다. 선배로서 후배들 모임에 가서 몇십만 원씩 쉽게 쏠 수
있을 줄 알았다. 실제로 돈을 벌어 보니 술값 10만 원 쓰는 것도
꽤 부담스러웠다. 당연히 몇 개월 지나면서 어깨에 힘도 슬슬 빠

졌다. 박봉에 허덕이며 일에 찌들어 사는 직장인이 되었기 때문이다.

현실을 인식하고 재테크를 공부하다 보니 통장을 쪼개라는 이야기가 많았다. 그래서 쪼갰다. 신입사원 때 통장을 4개 만들었다. 입출금 통장 1개, 적금 통장 2개, MMF 통장 1개였다. 혼자만 먹고살면 되기에 사는 데는 문제가 없었다. 저축을 하였고, 비상금은 MMF 통장에 있었다.

결혼 전에 부동산에 첫 투자를 했는데, 그 이후에는 적금을 넣지 못했다. 마이너스 통장까지 써가면서 투자를 했기 때문에 마이너스 메꾸는 것만으로 허덕거렸다.

결혼하고 나서 다시 통장을 쪼개기 시작했다. 결혼하니 혼자 사는 것이 아니고 아내라는 존재도 있었고, 그동안 인식하지 못했던 내 가족 그리고 아내의 가족이 있었다. 여러 가지 경우의 수를 고민하면서 통장을 쪼갰다.

통장 번호	통장 이름	내용
1	남편 용돈 통장	통신비 및 남편 사적 통장
2	아내 용돈 통장	통신비 및 아내 사적 통장
3	시댁 통장	시댁 경조사비 통장
4	처가 통장	처가 경조사비 통장

5	남편 지출 통장	보험료 및 대출이자 통장
6	아내 지출 통장	보험료 및 생활비, 관리비 통장
7	청약 통장 남편	청약을 위한 대비
8	청약 통장 아내	청약을 위한 대비
9	장기주택마련저축(장마) 통장	비과세 혜택 등을 위한 적금 통장
10	육아 적금 통장	자녀가 태어날 때 필요한 급전을 위한 통장
11	아내 연금	결혼 전부터 불입한 연금 통장
12	MMF	비상금 통장
13	문화활동비 통장	영화나 여행을 위한 통창
14	마이너스 통장	투자를 위해 임시 대출 통장

지금 봐도 많다. 14개 통장을 가지고 있었다. 여기에 각자 주식 통장이 2개씩 있었으니 18개의 통장을 가지고 있었다. 지금 봐도 제대로 통장 쪼개기를 했다.

통장 쪼개기의 가장 큰 장점은 가계부를 적지 않아도 입출금이 통제된다는 점이다. 내가 쓰는 돈과 저축하는 돈의 항목이 매달 정확하게 보인다. 두 번째 장점은 강제저축이 된다는 것이다. 강제저축을 하게 되면서 통장에 돈이 쌓이니 돈 모으는 재미를 알게 된다.

통장 쪼개기를 하더라도 엑셀로 전체 관리는 해야 한다. 한눈에 들어와야 현재 자산 상황을 정확하게 파악하고 이후 재테크를 어떻게 할지 정할 수 있기 때문이다.

표를 보면 저축 관련 통장은 5개이고 나머지 9개가 입출금 통장이다. 아내 통장과 함께 적어서 많아 보이는데, 실제로는 5개 통장으로 보면 된다. 급여통장, 투자통장, 생활통장, 용돈 통장, 비상금 통장이다.

▶ 급여통장: 순수 급여가 들어오는 통장이다. 급여통장이 분리되어 있어야 1년에 얼마나 수입이 있었는지 확인을 할 수가 있다.

▶ 생활통장: 보험, 관리비, 통신료 등 일상생활에 꼭 필요한 금액을 계산해서 급여통장에서 이체해 놓는다.

▶ 용돈통장: 말 그대로 한 달 용돈 통장이다.

▶ 투자통장: 적금 자동이체나 주식통장에 들어가기 전 금액을 이체한다.

▶ 비상금통장: MMF나 CMA 또는 파킹 통장에 비상시를 위한 비용을 넣어놓는다.

적금과 주식통장은 별도로 고민해야 한다. 각자의 투자 성향에 따라서 달라지기 때문이다. 금리가 낮아서 적금을 추천하는 사람이 별로 없지만, 일정 씨드머니를 만들 때까지는 적금 통장을 추천한다. 아무런 고민 없이 돈을 넣어 둘 수 있기 때문이다.

통장을 쪼개는 가장 큰 이유는 입출금 통제를 정확하고 편하게 하기 위해서다. 입출금을 통제하게 되면 저축의 금액도 늘어나게 되고, 나도 모르게 돈이 없어지는 경험도 사라진다.

지금도 통장은 쪼개서 사용하고 있다. 프리랜서가 되면서 더욱 요긴하게 쓰고 있다. 입출금이 일정하지 않기 때문에 입금통장과 출금통장을 무조건 나누어 놓는다. 입금통장만 확인하면 1년 치 수입금액에 대한 대략 파악이 가능해서 다음 해 매출 계획을 짜 보는 데 도움이 된다.

혹시라도 가계부를 쓰지 않는다면, 통장이라도 쪼개서 입출금을 통제하기 바란다. 통장을 쪼개면 가계부를 쓰지 않아도 돈의 흐름이 보인다.

4

절대 잊으면 안되는
한 가지

"당신의 자녀에게 한 문장을 남겨주고 싶다면 어떤 문장을 주고 싶으신가요?"

얼마 전 육아 칼럼을 썼는데, 어떤 분이 댓글로 집안의 가훈을 물어봤다. 가훈은 특별히 없지만, 살면서 느꼈던 모토가 있기에 한 줄 남기기는 했다. 여러분은 어떤 모토가 있는가? 만약 아이들에게 한 가지만 남길 수 있다면 무엇을 남겨주고 싶은가?

사람마다 경험치가 다르기에 다양한 이야기가 나올 것이다. 가훈 이야기가 나왔기에 경험에서 배워 사람들에게 항상 이야기하는 몇 개의 문장을 공유하고자 한다.

재테크 문장

젊어서의 가난은 불편이지만, 늙어서의 가난은 불행이다.
가난이 문 안으로 들어오면, 사랑은 창밖으로 날아간다.

시니컬한 친구가 있다. 한번은 늙어서 어떻게 살 건지 이야기하는데, 자기는 몸이 아프면 콱 죽어버릴 거란다. 구차하게 인생을 살기 싫다고 말이다.

친구 이야기를 듣고 아내 외할머니가 생각났다. 암으로 투병하셨는데, 시한부 선고를 받고 나서 집을 파셨다. 본인이 좀 더 좋은 치료를 받고 싶으셨기 때문이다. 어떤 달은 병원비가 월에 천만 원씩 소요되기도 했다. 집을 팔고 살 집이 없으니 자식들 집에 돌아가며 머무셨다. 나중에 본인 집이 없는 것을 아쉬워하셨다. 결국 시한부 선고받으신 6개월이 아닌 몇 년 더 사시고 돌아가셨다.

가만히 생각해 본다. 내가 아프면 집까지 팔아서 생명 연장을 하고 싶을까? 지금은 아니라고 대답하겠지만, 그때가 되면 어떤 대답을 할지 모르겠다. 아내 외할머니를 보면서 한 번 더 다짐했다. 나는 돈을 많이 벌어서 아프다는 이유로 집은 팔지 말아야겠다고 말이다. 죽을 때 내 집이 없다고 생각하면, 아파서 죽는 것보다 더 슬프다.

행복의 80%는 돈과 상관이 없지만, 싸움의 80%는 돈과 관계가 있다는 말이 있다. 화목한 집도 돈 문제가 얽히면 싸우게 된다. 가정을 튼튼하게 지키려면 최소한 돈 문제는 해결해야 한다.

인생 경험 문장

힘들면 한 번만 더 웃어라. 한 발 더 내디딜 수 있다.
문제라는 것은 불평하라고 있는 것이 아니라 끝까지 풀라고 있는 것이다.

TV를 돌리다가 제목도 모르는 미국 영화를 한 편 봤다. 비행기가 바다에 추락해서 원형 구명보트에 6명 정도가 죽음과 사투를 벌이는 장면이 나왔다. 그때 한 남자가 웃으면서 사람들에게 농담을 건넨다. 그러자 한 여자가 짜증을 냈고 남자가 이야기했다.

"힘들지만 한번 웃어봅시다. 방법이 생길 거예요."

담담한 사람도 있었고, 힘들어하는 사람들도 있었다. 결국 며칠 후에 구조선에 구조가 되었다.
영화를 보면서 힘들어도 미국식 유머를 하는 사람들이 대단하다고 생각했다. 조난 상황이라면 대부분이 분명 화를 내면서 방법을 찾지, 웃으면서 찾기는 어려울 것이다.

살면서 한번은 힘든 시기가 온다. 나도 조울증이 심해서 죽고 싶다는 말을 입에 달고 다닌 적이 있다. 죽고 싶다고 이야기하면 내 화풀이는 될지 모르겠지만, 주변 사람들이 힘들다. 당시 성격 좋은 아내가 나 때문에 급 우울증에 걸렸었다. 개인적으로 큰 충격이었다. 아내의 별명은 해피 바이러스였는데, 그 이후 바이러스가 사라졌다. 지금도 주기적으로 우울증이 온다. 우울증이라 생각되면 혼자 웃으면서 한마디 한다.

"이제 또 시작이구나. 조심해 보자고."

그러면서 생각한다. 또 어떻게 풀어볼까. 우울증은 내 인생의 문제 중에 하나다. 문제면 풀면 된다. 다만 인생이기에 정답은 없고 해답이 있을 뿐이다. 문제를 푸는 해답이라는 말은 답이 여러 개가 있다는 것이다. 술을 먹기도 하고, 책을 읽기도 하고, 친구랑 이야기도 한다. 여러 가지 해답 중 그때 상황에 맞게 풀어간다. 다른 문제들도 마찬가지다. 여러 가지 해답을 찾아보고 하나씩 해본다. 그럼 결국 풀린다. 포기하지 말고 끝까지 하다 보면 풀린다. 몇 번 경험해 보니 이제 알겠다. 세상의 모든 문제는 끝까지 가다 보면 풀린다.

남겨주고 싶은 한마디 문장

인생에 공짜는 없다.

어느 날 어머니가 점을 보셨다. 점쟁이가 나는 하는 만큼 얻어가는 운이니 열심히 살라고 했단다. 그런 점은 나도 볼 수가 있겠다고 생각했는데, 곰곰이 바라보면 인생의 진리다. 운도 준비된 사람에게만 보인다는 말이 있듯이 노력해야 다음으로 나아갈 수 있다.

어느 날부터인가 '인생에 공짜는 없다.'라는 말이 삶의 모토가 되었다. 노력한 만큼은 돌려받을 수 있다고 생각하다 보니 진실로 노력한 만큼의 결과가 돌아왔다. "내 인생에 대박은 없다."가 옆에 덧붙여서 쓰여있다. 인생에 공짜는 없기에 대박을 바라지 말고 한 발 한 발 노력하면 분명 원하는 목표에 다가갈 수 있다.

지금도 아이들에게 가장 많이 하는 말이 인생에 공짜는 없다는 이야기다. 지금이야 "응, 알았어." 하면서 고개를 끄떡이지만, 돈 때문에 힘들 때가 오면 분명 괴로워할 것이다. 그때 나는 아이들에게 다시 한 번 똑같은 이야기를 할 거다. 지금 겪는 괴로움을 넘어서면 인생이 너에게 더 많은 돈을 줄 것이라고. 그러기에 인생에 공짜는 없다고 말이다.

사람 관계, 돈 관계, 학업 등 무엇이든지 잘되기 위해서는 움직여야 한다. 하지 않고 좋아지길 바라는 것은 도둑놈 심보다. 그러기에 인생에 공짜는 없다.

5

빚테크 두려워 마라

"집은 자산일까요, 부채일까요?"

경제 강의를 하면서 수강자들에게 질문을 한다. "지금 살고 있는 집은 자산인가요? 부채인가요?" 보통은 "집은 부채입니다."라고 설명을 하는데, 이해시키기 위해서 한참을 설명하는 경우가 많다. 결론을 이야기하면 집은 부채가 될 수 있고 자산이 될 수 있다. 자산은 투자이익을 얻어다 주는 것이고, 부채는 수익이 나지 않는 것이다. 집으로 수익이 나면 자산이고, 집으로 수익이 나지 않으면 부채다. 만약에 내가 사는 집이라면 부채가 된다. 내가 살고 있기에 수익이 나지 않는 것이다. 만약 집을 통째로 또는 방하나를 임대로 주어서 수익이 난다면 자산으로 바뀐다. 따라서 집은 자산이 되기도 하고 부채가 되기도 한다.

내가 사는 집에 빚이 있다면 이자를 내야 하기에 부채다. 만약 빚이 없다면 자산일까? 그래도 부채다. 재산세를 내야 하고 관리비를 내야 한다. 내가 사는 집은 나에게 돈을 만들어 주지 않기 때문에 부채다.

'집값이 오르면 자산이 증식되는 것 아닌가요?' 우리 집값이 오르면 주변 집값도 다 오른다. 집을 팔아서 구석진 곳으로 이사를 가지 않는 이상 오른다고 의미가 없다. 물론 노후에 주택 연금을 받아서 편하게 살게 되면 다시 자산으로 바뀔 수는 있다.

첫 번째 빚테크와 레버리지 효과

나의 첫 번째 성공 투자는 적금이었고, 두 번째 성공 투자는 아파트였다. 당시는 자산과 부채의 개념이 없었고, 투자해야겠다는 생각만 있었다. 만약 투자에 실패하면 들어가서 살아야겠다는 생각으로 구매를 했다. 아파트 가격은 약 2억 7천만 원 정도였는데 빚만 2억 4천이었다. 영끌까지 모아서 빚테크를 한 것이다.

재테크 공부를 하면서 레버리지 효과를 알게 되었기에 과감하게 투자했다. 레버리지 효과는 남의 돈을 빌려 투자해서 내 자산을 늘리는 방식이다. 크게 투자해야 이익도 크기에 돈을 빌리는 것이다. 우리가 알고 있는 부동산 갭투자도 레버리지 투자의 일

종이다. 집값이 3억일 때 전세가 2억 5천이면 5천만 원으로 집을 사는 것이 갭투자다. 남의 전세금 2억 5천만 원을 빌리는 개념이기 때문이다.

레버리지 효과를 공부하면서 무조건 빚을 내서 집을 사야겠다고 생각했고, 아파트에 투자했다. 은행 돈을 빌려서 첫 번째 자산이 생긴 것이다. 대출금이 너무 많아 전세를 줄 수가 없어서 월세를 주었다. 자산과 부채의 개념도 명확하지 않았던 시기에 집에서 수익이 난 거다. 은행 부채로 집이 자산이 되었다.

결혼 후 진정한 빚테크 시작

결혼 전까지 영끌한 빚을 갚아나갔다. 생각보다 속도가 나지 않았고, 마이너스 통장과 1억 5천 담보대출은 그대로 남아 있었다. 결혼하면서 아내에게 자산 상황을 다 오픈했다. 아파트 빚이 1억 5천 있었고, 마이너스 통장으로 중고 구매한 차가 한 대 있었다. 아내는 웃으면서 차를 팔라고 했다. 결혼하고 싶어 말을 들었다. 차를 팔고 마이너스 통장을 메꿨다.

아내는 아파트 대출에 대해서 우려를 표했다. 대출을 두려워했기 때문이다. 한 번도 빚을 져본 적이 없었고, 어릴 때 집에 빨간 딱지가 붙었던 경험도 있었다고 한다. 물론 나도 처음 대출을 받을 때 두려웠다. 살면서 평생 친구한테도 돈 한 번 빌려본 적이 없다. 그런데 투자하면서 대출을 통해 자산이 증식되는 것이 보이니 빚에 대한 두려움이 사라지고 긍정적인 시선이 생겼다. 아내도 연애 시절 함께 재테크 공부를 했기 때문에 레버리지에 대한 내용은 알고 있었지만, 실제로 대출 금액을 보니 불편한 마음을 토로했다.

결혼 후에 서로의 대화를 통해서 진정한 빚테크에 돌입하기로 했다. 최대한 빨리 대출금을 갚아나가는 것이다. 월 사용 금액을 제외한 모든 돈은 무조건 빚을 갚았다. 처음에는 중도 상환 수수료가 아까웠지만 빚이 줄어들고, 월 이자가 줄어드는 것을 보고 무시했다. 월 65만 원 이자가 50만 원대가 되고, 30만 원으로 줄어들면서 빚 갚는 재미에 푹 빠졌다. 물론 덕분에 생활비에 여유는 없었다.

결혼 후 3년 정도 지날 때였다. 아내와 편의점에 갔다가 진열장에 있는 1,500원짜리 버드와이저 맥주가 보였다. 그 당시 우리가 자주 마시던 맥주는 마트에서 파는 890원짜리 맥스 병맥주였다. 사치를 부리기로 했다. 아내와 버드와이저 맥주 두 병을 계산하고 편의점 앞 테이블에 앉았다. 한 모금 마시면서 아내가 한마디 한다.

"정말 열심히 일했는데 왜 통장에 돈이 하나도 없을까? 우울해."

빚을 열심히 갚아서 돈이 없는 걸 알지만, 통장에 예금 잔고가 없으니 우울한 거다. 수중에 만 원이 생겨도 빚을 갚아나갔기에 주머니에 여윳돈이 없으니 우울할 만했다. 몇 년이 지나서 빚을 다 갚고 통장에 몇백만 원이라도 잔고가 있을 때 아내를 바라보니 웃고 있었다. 마음의 여유도 통장에 돈이 들어 있어야 생기나 보다.

진정한 빚테크는 빚으로 레버리지 투자를 하고 최대한 빨리 그 빚을 갚아나가는 것이다. 그 와중에 분명 우울하고 힘들겠지만, 끝까지 하다 보면 어느 순간 자산이 불어 있다. 돈이 있으면 쓰는 사람에게는 빚테크를 추천해 본다. 수중에 돈이 없으므로 쓸 수가 없기에 자동으로 자산이 늘어난다.

지금은 아내도 레버리지를 위한 빚은 긍정적이다. 이후로도 부동산 투자를 몇 번 했는데, 오랫동안 대출을 갚지 않았다. 대출이자보다 월세 수익이 더 많기 때문이다. 계산해 보면 대출이 있을 때가 수익률이 더 높다.

빚은 항상 부채가 되지 않는다. 자산을 증가시키기 위한 레버리지로 빚을 활용한다면 어느 순간 자산이 되어 있다. 분명 긍정적인 빚도 있다.

목표가 전부다

"맞벌이 부부 10년 10억 만들기. 텐인텐. 과연 할 수 있을까?"

일반적인 맞벌이 부부가 10년 만에 10억을 만들 수 있을까? 가능하다. 주변에 벼락부자가 된 사람은 없어도 맞벌이 열심히 해서 10억 이상 자산을 형성한 사람은 꽤 있다. 물론 얼마나 버는지, 절약하는지에 따라 다르겠지만 불가능하지 않다. 어떻게 하느냐에 달려 있다.

IMF가 한국을 휩쓸면서 재테크 열풍이 불었다. 나도 그 열풍의 한 가운데 있었고, 제일 먼저 재테크 카페에 가입했다. 몇 개 카페는 없어졌고, 몇 개는 여전히 활발히 활동 중이다. 그중에서 지금도 활동하는 카페가 텐인텐이다. 맞벌이 부부 10년 10억 만들기가 타이틀이고, 주인장이 10억 이상의 자산을 만들고 직장인으로서는 은퇴를 했다.

아내와도 텐인텐 카페에서 만났다. 싱글끼리의 모임이 있었는데, 멀찍이 앉아 있다가 가까워졌다. 인연이란 건 우연도 있나 보다. 재테크 카페에서 아내를 만났으니 아내와 재테크 강의도 자주 들으러 다녔다. 함께 책도 읽고 공부도 했다. 연애할 때는 함께 재테크 공부한다는 목표가 있었고, 결혼해서는 자산을 만들자는 목표가 있었다.

결혼 당시 자산은 빚을 제외하고 부부 합산 1억 정도였다. 양가에서 도와준 것 없이 순수하게 저축과 투자로 모은 돈이다. 다들 집마다 사연이 있을 거다. 처가도 아내가 어릴 때 집에 빨간딱지가 붙었지만, 어찌어찌 문제없이 살고 계신다. 우리 집도 반지하를 전전하다가 부모님이 나이 드셔서 자리를 잡으셨다. 아마도 이런 경험들 덕분에 저축하고 투자를 한 듯하다. 어렵게 살고 싶지 않으니까 말이다.

경제목표를 만들다

아내와 여러 강의를 듣다 보니 핵심적인 한 가지를 발견했다. 바로 목표다. 삶에도 목표가 있어야 하고, 경제에도 목표가 있어야 한다. 텐인텐 주인장의 강의를 듣고 도화지를 한 장 샀다. 우리 인생의 경제목표를 적기 위해서다.

강의 내용을 기반으로 색연필로 예쁘게 꾸몄다. 지금도 기념으로 가지고 있다. 처음 만들었을 때는 만들었다는 것 자체만으로 뿌듯했다. 목표를 만들었다는 것이 대견했다. 물론 지금은 업그레이드가 많이 됐다.

연예하면서 만들었는데, 나중에 결혼 허락받으러 처가에 갈 때도 들고 갔다. 우리 이렇게 잘 살 거니 결혼 허락해 달라고 말이다. 장모님은 크게 관심은 없으셨다. 갑자기 궁금하다. 그 당시 우리의 경제목표를 보고 어떻게 생각하셨는지 말이다.

연애 때 만든 경제목표를 기반으로 결혼하면서 인생목표와 경제목표를 만들었다. 금방 뚝딱 만들어지지 않는다. 처음 만든 한 장을 시작으로 지금 우리 집 현관에 붙어있는 인생 계획표를 완성하기까지 약 3년이 걸렸다. 지금도 2~3년에 한 번씩 수정하고 있다.

경제목표 포함하여 인생 계획을 적은 지 10년이 넘었다. 돌아보면 신기하게도 적어 놓은 것을 많이 이루었다. 모든 것은 아니지만, 중요한 것들을 다 이룬 것을 보니 뭉클하면서 어리둥절한 기분이다.

경제목표를 보면 45세까지 자산 10억을 만들겠다고 적었는데, 이 책을 쓰고 있는 시점에서 이미 자산 10억은 넘었다.

자아 성취 목표에서는 51세쯤부터 강의하고 책을 쓴다고 적어 놓았는데, 벌써 전문적으로 강의한 지는 3년이 넘었고, 책은 4권째 쓰고 있다. 그 당시에 여행, 영업, 인생, 영어에 대한 네 가지 분야의 책을 쓰고 싶었는데 여행기는 한 권을 썼고, 영업에 관한 책은 전자책으로 출간 예정이다. 인생에 관한 책은 그동안에 썼던 육아 책과 지금 쓰고 있는 경제 책이면 충분하지 않을까 싶다. 영어에 관한 책은 우리 아이들과 아빠표 영어를 하고 있는데, 아이들 실력이 올라가면 써 볼까 한다.

가족에 대한 목표가 가장 신기하다. 막연히 나는 행복이와 복덩이 두 아이의 아빠가 되고 싶다고 적었는데, 정말 복을 받았는지 계획한 대로 아이들이 생겼다. 그래서 우리 아이들은 둘 다 2월생이다. 계획 임신에 성공했기 때문이다. 46세에 가족들과 1개월간 해외 여행을 갈 거라고 적었는데, 그보다 빨리 43세에 해외 한 달 살기 두 번을 했다. 무리해서 다녀왔는데, 코로나가 오기 전이었기에 다행이라고 아내랑 이야기한다. 적어 놓으니 어떻게든 목표를 향해 가려고 기회를 만드는 것 같다.

인생목표에는 이것 이외에 여러 가지가 적혀 있다. 물론 모든 것을 다 이루지는 못했다. 특히 몸무게 80kg을 만들자는 것은 12년째 도전 중이다.

물론 지금 이룬 것들이 끝이 아니다. 앞으로도 해야 할 것들이 많다. 5년 안에 아내가 회사를 재미 삼아 다니게 만들 거다. 언제든지 그만두고 싶으면 그만둘 수 있도록 말이다. 책을 꾸준히 쓸 거고, 강의와 코칭에 대한 경력을 더 쌓아서 20~30대의 멘토링을 할 거다. 코로나가 끝나면 아이들과 다른 도시 한 달 살기를 몇 번 할 거다. 궁극적으로 남들보다 깊지는 않지만, 많은 것을 보고 즐기며 살 거다. 앞으로 50년간의 큰 목표다. 물론 경제적 능력도 지속해서 만들어 가고 있다. 최종 경제적 목표는 50억이라고 적었다. 50년 후에 이 목표들을 이뤘는지 돌아보면 뿌듯하면서 시원섭섭할 듯하다.

인생의 목표가 돈만으로 해결되지는 않지만 돈이 필요하다. 그러기에 내 인생의 행복을 위한 자산 목표를 적고 구체적인 행동 방향을 적어야 한다. 우리 아이들에게 경제적 자유를 가르쳐주고 싶으면 초등학교, 중학교, 고동학교 때 어느 수준의 경제교육을 시켜야겠다고 적어야 한다. 목표가 없으면 얼마나 해야 하는지도 모르고, 어디까지 했는지도 모른다. 구체적 목표와 세부 행동 계획이 삶을 움직이게 하는 원동력이 된다. 잊지 말기를 바란다. 목표가 기본이자 전부다.

제 2 장

투자의 시작

우 리 집 부 자 교 육

1

영끌 투자,
레버리지의 시작

"지금 당장 빌릴 수 있는 돈의 최대치가 얼마인가요?"

신문을 보면 영끌 투자 열풍이다. 부동산, 주식, 코인 어디 하나 영끌이 아닌 곳이 없다. 최근의 이슈는 아니다. 내가 처음 투자를 공부한 1998년에도 영끌이 있었다. 영끌이란 단어만 없었을 뿐이다.

처음에는 경제를 몰랐다

어릴 때 부모님에게 경제에 대해서 배운 건 절약과 저축이고, 배우지 못한 건 돈을 의미 있게 쓰는 법과 투자였다. 부모님 세대는 모으는 것이 목표지, 잘 쓰거나 즐기는 것이 목표가 아니었기 때문이다. 당시 부모님께 배운 내용을 잘 따랐다. 돈을 안 쓰고 모았다. 초등학교 때부터 용돈과 세뱃돈을 모아서도 함부로 써 본 적이 없다. 첫 직장을 다니면서도 계속 모았다. 은행에 가서 청약저축과 근로자 우대저축을 들었다. 1998년 당시 적금 금리가 10%가 넘었으니 은행에 돈만 넣으면 부자가 되는 줄 알았다.

투자 관련 인터넷 카페도 가입하고, 증권회사에서 개최하는 투자 강연회도 쫓아다녔다. 적금 금리가 10%가 넘으니 한 귀로 듣고 흘렸다. 주식, 채권, 부동산으로 돈을 버는 사람들이 분명히 있었음에도 적금을 넣으면 다 되는 줄 알았다.

그러던 금리가 3년 만에 5~6%대로 떨어졌다. 2년이 더 지나자 4%대로 떨어졌다. 발등에 불이 떨어졌다. 2억만 모으면 한 달에 약 200만 원씩 이자가 나왔는데, 금리가 떨어지자 5억이 필요한 상황이 되었다. 지금은 최소 15억은 있어야 은행을 이용해서 월 200의 이자 수익률이 난다.

분명 공부를 했지만, 대충 공부를 하니 경제목표에 대한 개념 정립이 부족했던 것 같았다. 그래서 다시 공부를 시작했다. 목표는 돈을 번다는 것 하나였다. 가난하게 살고 싶지 않았다. 부모님이 가르쳐준 절약과 저축만으로는 어렵다는 것을 알기 시작했다.

레버리지를 알게 되다

4년 정도 직장생활 하면서 3천만 원을 모았다. 투자하고 싶은데, 방법을 찾아 이것저것 공부했다. 대한민국 부자라 하면 부동산을 빼놓을 수 없듯이 20년 전에도 여전히 부동산 투자에 대한 정보가 많았다. 공부하다 보니 경매라는 것을 알게 되었고, 3천만 원이면 2억 원짜리 아파트를 살 수 있다는 말에 솔깃했다. 문화센터 경매 과정을 수강했다. 강사는 제2 외곽 순환도로가 생기니 땅을 보러 가자고 사람들을 꾀었다. 나는 경매로 집을 사고 싶은 것이었는데, 강의를 잘못 들은 것이다. 그 당시 강사와 몇몇 수강생들이 땅을 보러 다녔는데, 부자가 되었을지 궁금하다.

경매 강의를 들으면서 레버리지라는 개념을 정확하게 알게 되었다. 1억 원짜리 아파트 경매면 입찰보증금 1천만 원을 내고, 낙찰이 되면 70% 정도인 7천만 원을 대출받을 수 있다. 그럼 현금 3천만 원을 가지고 1억 원짜리 아파트를 살 수 있는 것이다. 보통 월세가 보증금 1천만 원에 40만 원 정도 되던 시절이기에, 수치상으로 대출이자는 월세로 감당하고 2천만 원으로 아파트를 살 수 있었다. 아파트 가격이 오르냐가 문제였지만, 안 오르면 월세를 받는다는 생각에 투자하는 것이다.

다른 경매 강의를 좀 들었지만, 명도를 해야 하는 복잡성 때문에 포기를 했다. 지금이야 정보가 넘치지만, 2002년도에 경매는 특별한 사람만이 하는 것처럼 보였다.

영끌로 첫 투자를 하다

경제, 부동산, 경매 공부를 하면서 결국 부동산에 투자해야겠다고 마음을 먹었다. 1998년에 대출 금리는 14% 정도였다. 그러던 금리가 5년이 지난 2003년에는 7%대로 떨어졌기 때문이다. 지금 2~5%대 대출 금리보다는 높지만, 처음 부동산 공부를 할 때보다 절반으로 떨어졌으니 투자의 적기라 판단했다. 거기다 생애 최초 내 집 마련 대출은 파격적으로 5.2%의 금리 보장이었기에, 무조건 생애 최초 대출이 사라지기 전에 집을 사야겠다고 마음을 먹었다.

영등포에 오래된 아파트가 약 1.5억 정도였고, 왕십리의 적당한 아파트가 약 2.7억 정도였다. 물론 새로 지은 아파트는 3억 중반이 넘어갔다. 생애 최초 내 집 마련 대출의 한도가 집값의 70%, 최대 1.5억이었다. 상식적으로는 영등포의 1.5억 아파트를 사야 했다. 대출이 약 1억 정도가 가능하니 가지고 있던 3천만 원에 마이너스 통장 2천만 원까지 때려 박으면 대충 구매할 수 있는 그림이 나왔다. 그런데 싫었다. 집을 산다고 몇 개월을 집 보러 다니다 보니 눈이 높아졌다. 그 당시 영등포는 주변이 공장지대이기에 환경이 좋지 못했다. 당시 집을 보러 다니면서 투자의 기준을 만들었다.

"내가 살고 싶은 집을 사야, 세를 줘도 잘 나간다."

왕십리의 아파트는 결혼해서 살아도 좋을 만큼 환경이 좋았다. 문제는 자금이었다. 2.7억의 가격이니 대출 1.5억을 받고 수중의 현금 3천만 원과 마이너스 통장 2천만 원을 다 넣어도 7천만 원 정도가 부족했다. 주변 지인과 부모님 마이너스 통장까지 빌렸다. 지인에게 빌린 돈은 1년 동안 허리띠 졸라매고 바로 갚았다. 부모님에게 빌린 돈은 매월 70만 원씩 결혼 전까지 갚았다. 덕분에 결혼할 때 집 담보대출 1.5억은 그대로 있었다. 아니다, 결혼하기 전에 의미 있게 300만 원 갚았다. 그래서 1억 4천 700만 원 대출로 결혼 생활을 시작했다.

영끌도 기준이 있어야 한다

20년 전이나 지금이나 크게 바뀐 것이 없는 것 같다. 영끌을 해야 자산을 급격히 늘릴 수 있다. 투자 금액이 커야 이익도 크기 때문이다. 영끌에 우려하는 목소리가 크다. 솔직히 나도 우려스럽다. 개인적인 영끌의 기준이 있다. 첫 번째는 내가 모르는 곳에 투자하지 않는다. 두 번째는 연 수익률 10%가 넘어가면 투기라고 판단을 한다. 세 번째는 공부한다. 첫 번째 부동산 레버리지 투자도 약 5년을 공부하고 확신이 생겨 투자했기에 영끌을 할 수 있었다. 혹시 영끌을 고민하시는 분이시라면 본인만의 투자 기준이 있는지 확인했으면 좋겠다. 최고의 투자는 내 돈을 잃지 않는 것이기 때문이다.

2
투자가
부채가 되는 순간

"하우스 푸어와 투자자 중에 어느 단어가 마음에 드나요?"

부동산 투자 명언 중에 이런 말이 있다.

"로열층은 부자에게 양보하라."

이 말에는 두 가지 의미가 있다. 로열층을 사서 부자에게 세를 주거나, 비 선호 층을 저렴하게 사서 적당한 수익을 내면서 자산을 늘리라는 것이다.

첫 투자로 산 아파트는 로열층이었다. 덕분에 세입자가 바로 구해졌다. 좋은 집을 내가 살지 않고 세입자에게 양보하니 수입이 좋아졌다. 아파트에 대출이 많아서 전세 세입자를 구할 수 없어 월세로 돌렸는데 살기 좋으니 바로 구해졌다.

심적으로는 내가 들어가 살고 싶었다. 다들 '나 혼자 산다'에 로망이 있지 않은가? 혼자서 여유를 즐기는 내 집. 지금 생각해도 너무 좋다. 그래서 계산해 봤다. 대출이자 62만 원에 관리비랑 공과금 15만 원 정도 나올 테니, 77만 원짜리 월세에 산다 생각하고 들어가 살까? 결국 들어가지 못했다. 그 당시 월세가 80만 원 정도였는데, 만약에 들어가 살았으면 월 157만 원을 손해 보는 경우기 때문이다. 관리비를 빼도 142만 원이 사라지니 로열층은 부자가 아닌 세입자에게 양보하기로 했다.

월세를 포기하다

집을 사고 몇 년이 지나서 결혼할 사람이 생겼다. 이 사람과 살면 평생 재미있을 것 같다는 확신이 들었다. 그래서 프러포즈를 하고 1년 반을 기다려서 결혼하게 되었다. 결혼의 가장 큰 걸림돌은 역시 경제 문제다. 특히 어디서 살 건지, 주거 형태는 무엇인지 결혼 전에 따지게 된다. 나도 성격 좋은 신부와 여기서부터 틀어지기 시작했다.

결혼 당시 수중에 돈이 한 푼도 없었다. 아파트에 투자해서 대출금과 빌린 돈 갚기에 허덕였기 때문이다. 여자친구 돈으로 빌라를 전세로 얻어 당분간 살자고 설득했다. 돈이 없으니 방법이 있나. 나의 설득에 여자친구는 함께 빌라를 보러 다녔다. 그래도 여자친구를 위한다는 생각에 처가 근방으로 알아보기로 했다.

그 당시 바보 같은 짓 하나가 생각난다. 빌라를 알아보면서 아파트단지에 있는 부동산에 들어간 거다. 부동산이 서로 연계되어 있다는 사실을 알고 있었기에 알아봐 주겠지 했는데, 들어가서 빌라를 알아본다고 하자 냉대를 당했다. 나오면서 여자친구를 바라보니 표정이 변했다. 말은 하지 않았지만 자존심이 상한 거다. 당시 주변에 신규 아파트단지가 들어서면서 급 생긴 부동산들이라 아파트 거래만 집중했던 거다. 당연히 빌라 보러 왔다고 하니 냉대를 할 수밖에. 지금이라면 당연히 위치 좋은 빌라촌을 알아보고, 그 주변 부동산을 통해서 알아봤을 텐데, 부동산 초보의 바보짓이었다.

냉대를 당하고 나서도 몇 군데 빌라를 보러 다녔지만, 예산 대비 좋은 집이 없었다. 당연히 좋은 집은 비싸고, 싼 집은 나쁘다. 여자친구에게 어느 집이 괜찮냐고 물어보는데 명확한 대답이 없다. 싫은 소리를 잘 안 하는 성격이라서 얼버무린 거다. 술을 한잔하면서 진지하게 이야기하니 한마디 한다.

"아파트에 들어가서 살고 싶어. 신혼의 로망이야."

앞에서 바로 그러자고 대답하지 못했다. 집에 들어가서 며칠을 고민했다. 아파트에 들어가면 바로 월에 80만 원이 사라지기 때문이다. 당시 월급 실수령액이 200만 원이 조금 넘었는데, 80만 원이면 선뜻 결정하기 어려운 금액이었다.

2년만 빌라에 살아도 1년에 월세 약 천만 원도 생기고, 서로 급여 모아서 대출금을 갚으면 아파트에 입주해서 좀 더 마음 편히 살 수 있지 않을까 싶었다. 여자친구도 머리로는 이해했지만, 기분은 영 따라주지 않았나 보다. 결국 '신혼의 로망'에 졌다. 월세를 포기하고 아파트에 입주했다. 나중에 아내가 이야기하는데, 자기는 집 없는 사람과 결혼하기 싫었단다. 대출금 최대치의 아파트지만 덕분에 결혼하게 되었다.

집이 부채가 되다

이때부터 내 집은 자산이 아닌 부채가 되어 버렸다. 앞에서도 이야기했지만, 자산과 부채는 이익으로 구분하면 된다. 나에게 실질적 이익을 주면 자산이고, 이익을 주지 않으면 부채다. 살고 있는 집은 월세, 전세, 자가 어떤 형태든지 보증금이나 집값이 나를 위해 일해 주지 않는다. 그러기에 부채다.

돈이 없어 인테리어 하는 친구에게 할부로 인테리어를 진행했다. 자재 값 먼저 주고 공사 마칠 때쯤 인건비 주면서 천천히 진행했다. 덕분에 인테리어도 두 달이 넘게 걸렸다. 옛말에 이런 말이 있지 않은가? 어려서는 시간은 많은데 돈이 없고, 젊어서는 돈은 있는데 시간이 없고, 늙어서는 돈과 시간은 있는데 건강이 없다. 딱 이 시기가 시간도 조금 있고, 돈도 조금 있던 시기였다. 지금은 슬프게도 건강이 가장 걱정인 나이가 되었다.

결혼하고 아파트에 입주하자마자 경제 습관이 바뀌었다. 매월 넣었던 적금은 대출이자와 대출금으로 바뀌었다. 술 한 잔하고 싶으면 만 원의 행복을 누렸다. 만 원 안의 범위에서 마트에서 술과 안주를 사서 집에서 마셨다. 대출금을 갚고 최저 생활비로 생활하기에 필요 없는 물품은 살 수 없었다.

집이 부채가 되었기에 하우스 푸어의 삶을 살기 시작했다. 신혼이기에 슬프거나 우울하지 않았다. 행복했다. 젊었기에 대출금도 금방 갚을 거라는 희망을 품으며 첫 번째 부동산 투자는 신혼과 함께 부채가 되었다.

3

기득권을 버리고
가치 투자를 하다

"지금 내가 가장 익숙한 것들을 버릴 수 있나요?"

결혼하고 가장 행복할 때와 고민이 많을 때가 언제인지 아는가? 바로 임신했을 때다. 아내가 임신했다는 소식을 듣고 행복했다. 그리고 바로 고민을 시작했다. 어떻게 키워야 하는가?

첫째 아이 임신을 한 아내와 지금 사는 집에서 어떻게 아이를 키울지 방법을 찾아보았다. 2천 세대 대단지 아파트로 주변에 1만 세대가 있기에 어린이집, 학교, 마트, 도서관, 놀이터, 공원 등 모든 것이 완벽하게 구축된 동네였다. 육아 초보였기에 아이를 어린이집에 맡기고 일하러 가면 되는 줄 알았다. 아내도 육아 휴직 안 하고 출산휴가만 쓴 채 복직하려고 준비를 했다. 어린이집에 가서 이야기를 들어보니 갓난아이를 맡아 주는 곳이 많이 없을 뿐더러 하루에 몇 시간 있기 어렵단다. 몇 군데 이야기를 듣고 살짝 멘붕이 오기 시작했다. 어떻게 맞벌이하면서 아이를 키워야 하는 것인가?

기득권을 버리다

결국 인테리어를 하고 입주 1년 반 만에 내 집에서 나오게 되었다. 아무리 고민을 해봐도 맞벌이를 하면서 아이를 키울 방법이 없었다. 입주 도우미나 등·하원 도우미를 쓰게 되면 비용 감당이 어려웠다.

사는 집이 너무 좋으면 뭐 하나, 아이 키우기 어려운 것을. 그 당시 처음 알았다. 맞벌이하면서 아이를 키우는 게 절절한 고생의 시작이라는 것을 말이다.

살던 집이 너무 좋아서 그런지 이사 가기가 싫어 아이 출산 때까지 계속 고민을 했다. 살기 좋다는 이야기는 내가 기득권을 누리고 있다는 의미다. 잘 살 수 있는 권리를 누리고 있는 것인데, 결국 기득권을 버리기로 했다. 맞벌이는 유지하되 기득권을 버리면서 육아하는 방안을 따라가기로 했다. 양가 중 한 곳의 도움을 받기로 한 것이다.

다시 살 집을 알아보면서 먼저 처가 근처를 돌아보았다. 주변이 빌라촌이고 어린이집과 초등학교 등굣길이 좋지 않았다. 주차 편의도 당연히 떨어지고 마트도 차량으로 이동해야 했다. 빌라지만 전세금도 만만치 않았다.

두 번째로 본가 근처를 알아보았다. 지금은 환경이 많이 좋아졌지만, 그 당시 본가 근처에 작은 공장들만 200개가 있었다. 당연히 환경이 좋지 않았다. 주변이 공장지대다 보니 아파트는 적고 오피스텔들이 많았다. 당연히 어린이집, 초등학교, 도서관, 이런 편의시설 이용이 기존에 비해서 불편했다.

처가 주변은 비싸니 아내와 대화하면서 본가 근처를 둘러보기로 했다. 잠정적으로 2~3년 아이 키우다가 다시 첫 집으로 이사하자는 마음에 원룸부터 알아봤다. 24평 아파트에 살다가 원룸을 보니 답답하다. 오래된 투룸 아파트를 방문했다. 북향이지만 전망도 괜찮고 셋이 살기 좋아 보였다. 다만 전철역과 도보 이동이 어려웠다. 아내는 차량을 이용해 출퇴근하지만, 나는 뚜벅이라 전철역과의 거리도 중요했다. 오피스텔 투룸을 보러 갔는데, 대로변에 있으니 소음 때문에 창문을 열 수가 없었다.

기득권을 버리면서까지 알아보는데 그동안 누렸던 혜택이 집을 선택하는 데 장애가 되었다. 기득권을 버린다는 것이 생각보다 쉽지 않았다.

가치 투자를 하다

2~3주 집을 보러 다니다가 그동안 생각도 해보지 못한 주거형 오피스텔을 발견했다. 알아보니 2005년 전후에 입주한 주거형 오피스텔들이 전용면적도 좋고 바닥난방도 된다.

오피스텔도 규제가 많았는데 2004년 이후부터 바닥난방이 전면 금지가 되었다. 오피스텔은 주거용이 아니고 사무용이니 이해는 되지만 아쉬운 부분이다. 그러다가 2006년에 전용 50㎡까지 허용, 2009년에 전용 60㎡까지 허용하다가 2009년 전용 85㎡까지로 법이 바뀌었다. 2006~2010년에 입주한 주거형 오피스텔들은 바닥난방 여부를 잘 확인해야 한다.

주거형 오피스텔에 들어가 보니 아파트와 크게 다를 게 없었다. 다른 점은 세탁기가 싱크대에 빌트인 되었다는 것. 이건 별도의 베란다와 다용도실이 없다는 의미다. 베란다가 없다는 것은 잡동사니를 보관할 수납이 부족하다는 의미가 될 수 있다. 두 가지 말고는 비슷한데 가격은 같은 평수의 아파트보다 30% 정도가 저렴했다.

주거형 오피스텔을 보고 나서 분석에 들어갔다.

첫 번째 인터넷 지도를 펼쳐서 주변 환경을 분석했다.
- 전철역과의 거리, 도보 5분 이내.

– 어린이집과 초등학교, 도보 5분 이내.

– 대형 마트, 도보 5분 이내.

– 평지여서 도보 환경 좋음.

– 어느 방향으로도 대형 건물이 들어오지 못하기에 전망 좋음.

– 집 뒤에 바로 공원이 있음.

두 번째 주변 개발 여건들을 분석했다.

– 서울 한복판인데 주변에 공장들이 많아 추가 개발 여력 충분.

– 이미 주변 재개발 계획이 있음.

– 집 뒤편에 공원 추가 계획 있음.

세 번째 가격 및 가치 측면으로 분석했다.

– 오피스텔 전용률이 보통 50%인데 전용률이 70%임.

– 230세대이기 때문에 오피스텔치고는 대단지임.

– 평단가 777만 원인데 주변 신규 오피스텔 분양가는 1,100만 원 수준임.

– 주변 동급 아파트 대비 30% 이상 저렴함.

– 주변 동급 오피스텔 대비 20% 이상 저렴함.

– 오피스텔 관리비가 아파트 대비 3~5만 원 정도 비싼데 상식 수준임.

– 취·등록세는 아파트보다 비쌈.

전체적으로 분석해 보니 최소한 3천만 원 이상 저평가되었다고 판단되었다. 기존에 살던 집을 전세로 주고 본가 근처에 전세를 오려고 했는데, 저평가된 오피스텔을 발견하니 매매를 하고 싶은 마음이 스멀스멀 올라왔다.

아내랑 이야기해 보니 아내는 반대를 했다. 이유는 오피스텔을 담보로 해서 또 대출을 받아야 하는데 대출이 부담스럽다는 것이다. 여러 가지 분석한 내용을 아내에게 이야기하니 알아서 하라는 답변을 받았다. 임신 중이었기에 더 스트레스를 받고 싶지도 않았으리라.

주거형 오피스텔의 미래가치를 분석하고 결국 매매해서 입주했다. 최소한 손해는 보지 않을 거라는 판단이었기에 과감히 대출을 받았다.

결과적으로 현재 10년째 살고 있다. 주변 환경이 예상한 것보다 더 좋아져서 다른 곳으로 이사할 이유가 없어졌다. 도보 1분 거리에 대형마트가 하나 더 생기고 주변 공장들이 다 사라졌다. 공원은 추가 정비되어서 아이들이 놀기 좋은 곳이 되었다. 매매할 때는 길 건너가 재개발 예정으로 있었는데, 10년이 지난 지금 이주하고 있다. 아마 큰 폭은 아니지만 추가 가격상승을 앞두고 있다.

육아를 위해서 기득권을 버리고 좋지 않은 곳으로 이사를 했지만, 가치 투자를 진행하면서 미래를 위한 발판이 되었다. 물론 대출로 빚은 많아졌지만, 이후 첫 집을 매매하면서 대출을 갚고 추가 투자 금액까지 마련했다.

　기득권을 버리고, 가치 투자를 하고, 투자 물건을 기다렸다가 매매하면서 자산이 늘어났다. 재테크에 공식이 있다고 생각하지는 않지만 기본은 있는 것 같다. 기득권을 버리면서 내가 불편해졌고, 가치 투자를 하기 위해 공부를 했다. 투자 물건의 가격이 올라갈 때까지 힘들어도 기다렸다. 불편하고, 공부하고, 기다리는 것. 이 세 가지가 투자의 기본인 듯하다.

4

갭 투자 도전기

"부동산 갭 투자는 투자일까 투기일까?"

보는 사람에 따라서 다를 거다. 부동산 갭 투자를 나는 투자로 본다. 법을 어기지 않고 정확하게 세금을 낸다면 투자다. 우리나라에는 다른 나라에 없는 전세라는 제도가 있다. 덕분에 많은 사람이 갭 투자를 했다. 우리 부모님도 처음 아파트를 분양받았을 때 돈이 부족해 2년간 전세를 주었다. 처음 구매한 집인데 얼마나 입주하고 싶었을까? 돈이 없어서 전세를 주니 갭 투자가 된 것이다.

물론 감당 안 되게 몇십 채를 투자하는 사람은 투자와 투기의 사이에서 줄다리기를 하는 것이다. 감당되면 투자고, 감당을 못하면 투기가 된다. 이제는 정부 정책이 너무 복잡해져서 갭 투자가 어려워졌다. 갭 투자가 어려우면 전세 제도 역시 흔들릴 것이다. 국토교통부 자료에 따르면, 2011년 임대차 계약 중 월세가 26.3%였는데 2021년에는 37%로 올라갔다. 조만간 40%가 넘어갈 거라 판단된다. 집주인은 세금 등의 이슈로 전세는 수지가 맞지 않기 때문이다.

고수를 찾아다니다

오피스텔을 가치 투자하고 나서 일시적 1가구 2주택이 되었다. 세금 문제 때문에 아파트를 팔고 나니 투자 자금이 남았다. 함부로 투자할 수 없어 다양한 강의를 들으러 다녔다. 찾아보니 대한민국에는 고수가 많았다. 초창기 부동산 투자 고수들이 종합 부동산 고수라면, 신진 고수들은 부분 전문가였다. 경매 고수도 빌라, 아파트, 상가, 특수물건 경매 등으로 세분화되어 있다. 아파트 부동산 고수도 통계 분석, 정책 분석, 이슈 분석 등으로 세분화되어 있다. 아마도 종합 고수가 되기 전 단계를 신진 고수들이 밟고 있는 것이 아닐까? 10년이 지난 지금은 예전 부분 전문가들이 종합 부동산 고수가 되어 있다. 그리고 신진 고수들이 계속 나타난다. 본인만의 분석 기술들을 가지고 말이다.

금융 쪽도 마찬가지다. 주식, 선물/옵션, ELS, ETF, 해외주식, 외환, 채권, 리츠 등 다양한 분야의 고수들이 있다. 신기한 건 처음에는 모두 한 분야에서만 고수였지만, 10년쯤 지나면 몇 가지 분야의 고수가 되어 있다. 한 분야만의 투자는 고수들도 불안하기 때문이다.

처음 찾은 고수는 경매 고수였다. 적은 돈으로 최대의 이익을 얻고 싶어서였다. 강의를 듣는데 경매 고수가 한마디 한다.

"여러분, 경매는 일반물건과 특수물건으로 나눕니다. 그런데 경매에 일반물건이 어디 있습니까? 다들 뭔가 문제가 생겨서 경매에 나온 것이지요. 그러니 쉬운 건 없습니다. 일반이나 특수 모두 똑같이 조심해서 시작해야 합니다."

이 말을 듣고 경매는 접었다. 경매는 사람과의 불편한 관계가 자주 형성이 된다. 일반물건이 어느 순간 특수물건으로 변할 수 있다는 이야기다. 불편한 관계를 버틸 멘탈이 부족했다. 한참 경매를 공부하다가 자신이 없어서 방향을 전환하기로 했다.

다음은 빌라와 다세대에 투자하는 고수를 만나서 공부했는데, 갭 투자를 하면 수익이 큰 대신에 위험성도 컸다. 물건이 팔리지 않거나 악성 세입자를 만나면 경매만큼 힘이 든다. 또 재개발 가능성 지역을 구매했다가 지정이 되지 않아 10년 넘게 매매하지 못하는 사람도 보았다. 역시 신경 쓸 게 많다고 판단해서 빌라와 다세대 투자도 넘겼다. 결국 남은 건 아파트였다.

처음 만난 고수는 통계 분석 전문가였다. 10년간 투자지역 아파트 매매, 전세, 월세 그래프와 인구 증감률을 가지고 투자처를 발굴한다.

지금은 자동화된 시스템을 개발해서 비용을 받고 서비스를 제공하지만, 그 당시만 해도 정부의 자료를 다운받아서 엑셀로 수작업을 해야 했다. 며칠간 강의를 듣고 열심히 엑셀 작업하면서 투자지역을 검색했다. 나중에 몇 개 아파트에 투자할 때 엑셀이 많은 도움이 되었다.

우리나라에서 투자를 할 때는 정부 정책에 유연하게 대처해야 한다. 정책은 세금과 계획으로 나뉠 수 있다.

부동산 투자를 할 때 정부의 개발 계획에 따라서 투자처를 결정하게 된다. 교통망을 많이 보게 되는데 GTX, KTX, 트램, 지하철 연장 등을 살펴보게 된다. 재개발과 재건축 이슈도 당연히 검토한다. 금융 쪽은 보통 금리를 가장 중요시 본다. 기준금리에 따라서 적금과 대출 금리가 움직이기 때문이다.

정부 정책에서 세금이 가장 스트레스다. 언제 어떻게 바뀌는지를 알아야 투자를 분산할 수 있기 때문이다. 2023년부터 주식으로 2천만 원 이상 수익이 나면 초과 금액의 20% 이상을 양도세로 내야 한다. 부동산 같은 경우는 2020년부터 모든 수익을 신고해서 종합소득세를 내고 있다. 해외주식 같은 경우에는 250만 원 초과 이익 부분에 22% 양도소득세를 내야 한다. 코인에도 세금을 내라고 하니, 소득이 있는 곳에는 세금이 있다는 말을 정부는 실천하고 있다.

부동산은 세금이 난리다. 예전에는 정책이 그리 복잡하지 않았기에 세금 관련 사항을 셀프로 진행했지만 이제는 어렵다. 세무사에게 돈을 주고 자문을 구한다. 어떻게든 세금을 거두기 위해서 너무 많은 변화가 있었다.

투자를 위해서는 이렇게 공부할 것도 많고, 고려해야 할 것도 많다. 그래서 고수를 찾아다니면서 배우는 거다. 직장인이 저러한 것들을 어떻게 모두 다 인지하고 투자를 할 수 있겠는가?

투자를 계속해야 했기에 정책을 분석해서 투자하는 두 명의 부동산 고수를 발견했다. 카페에서 유료 강의와 무료 강의가 있기에 둘 다 찾아서 수강했다. 역시 일반인인 나보다 보는 눈이 몇 배는 달랐다.

고수들의 특징이 있다. 정확하게 어디가 어떻게 상승할 거라고 이야기해 주지 않는다. 대략적인 이야기 속에서 실제로 발품을 팔아 검토하고, 확신이 서면 투자하라고 한다. 강의를 듣고 발품을 팔아서 부동산 투자를 했다.

투자하면서의 고민

투자를 하다 보면 3가지 생각에서 고민하게 된다. 감, 통계, 호재 정보. 개인적으로는 감으로 투자했을 때 대부분 실패했다. 감이라는 것도 투자를 오래 하면서 보는 눈이 생겨야 감이 좋아지기 때문이다. 초보 시절 감으로 투자하는 것은 철학도, 기준도 없어서 대부분 실패를 한 듯하다. 이제는 철저하게 통계와 호재 정보를 통해서 투자한다. 주식, 채권, 부동산, 코인 모두 똑같이 적용한다.

부동산 갭 투자를 몇 건 진행하면서도 똑같았다. 강의를 들은 후 분석하고 투자한 곳은 상승이 꽤 있었고, 강의를 듣고 분석 없이 감으로 투자한 곳은 물가 상승률 정도의 이익만 생겼다. 뉴스에서 갭 투자를 아무 곳이나 하면 다 수익이 나는 것처럼 홍보하지만 실제로는 그렇지 않다. 서울 불패라는 말이 있듯이 서울에 저평가된 곳을 분석해서 투자하면 수익이 높고, 지방에 분석 없이 감으로만 투자하면 수익이 마이너스가 날 수도 있다. 정부 정책이나 글로벌 금융 상황에 따라서도 집값이 변동되기 때문에 가볍게 접근하면 도리어 손해를 볼 수 있다.

모든 투자가 마찬가지겠지만, 갭 투자를 하려고 한다면 먼저 고수를 찾아가서 공부해야 한다. 물론 책도 많이 봐야 한다. 공부 없이 이루어지는 투자는 없다. 투자자 관점에서 앞으로 갭 투자를 할 수 있는 방법이 점점 어려워지고 있어서 아쉽다. 그러기에 더욱 공부해야 할 듯하다.

5

뭐든지 셀프

"돈을 아끼기 위해서 어떤 일들을 해보았나요?"

젊을 때 캐나다 스키장에 놀러 간 적이 있다. 그곳에서 테이크 아웃 스시집을 하는 아저씨와 친해져서 밤마다 함께 술을 마셨다. 내가 보드카를 한 병 들고 가면 참치 갈빗살에서 참치를 숟가락으로 긁어서 안주로 주셨다. 술 한 잔 하려고 갈빗살을 넉넉히 남겨두셨단다. 생각하니 입에 침이 고인다. 보드카를 산 이유는 캐나다에서 소주 가격이 7불 정도 하는데 보드카 가격이 20불이었기 때문이다. 양도 많고 도수도 강한 보드카가 경제적이니 매일 보드카를 마셨다.

술 한 잔 하면서 듣는 인생 이야기는 재미있다. 스시 아저씨는

서울에서 호텔 매니저를 하다가 이민을 왔단다. 처음에 식당에 취업했는데 아무도 요리를 가르쳐 주지 않았단다. 욱하는 마음에 가진 돈을 다 털어서 식당 창업을 하셨다. 그리고 주방장 어깨 너머로 요리를 배웠단다. 사장이 배운다는데 주방장이 안 가르쳐 줄 수 없겠지. 시간이 지나서 식당은 망했다. 욱하는 마음에 경험도 없이 차렸으니 당연하달까? 정신을 차리고 혼자서 스키장에 코너 하나를 열었다. 그 당시에 배웠던 요리 기술로 스시를 만들어 팔았다. 외롭기는 하지만 제법 장사가 잘되어 코너 하나를 더 받아서 확장까지 했다.

벌써 20년 전 이야기라서 아직도 하고 계시나 인터넷으로 확인해 보니 여전하시다. 본인이 요리 기술이 있으니 살아남으신 거다. 혹시 캐나다 휘슬러 리조트에 갈 기회가 있으신 분들은 Visitor Center 안에 있는 스시투고에서 한 끼 하시면 만족스러우실 거다.

스스로 하는 것이 중요하다

장사를 하더라도 혼자서 모든 것을 다 할 수 없지만, 할 줄 알아야 한다. 주방장이 아파서 쉰다고 주방을 쉬게 할 수 없지 않은가? 돈을 벌려면 스스로 할 줄 알아야 한다.

처음에 부동산을 살 때는 아무것도 모른 채 부동산 중개업소를 다니면서 배웠다. 발품을 팔아야 한다는 이야기만 들었지, 실제로 해보니 돈을 벌려면 스스로의 노력은 필수라는 것을 느꼈다. 인터넷에 정보가 나오지만, 실제로 현장에서 이야기를 들으면 인터넷으로 본 것과 다른 정보들을 많이 얻게 된다.

결혼하고 한참 부동산에 투자하러 다녔을 때는 주말마다 아이들을 차에 태워서 부동산 중개업소를 찾아다녔다. 아이들이 울면 한 명은 밖에서 아이들을 달래고, 한 명은 부동산 중개업소에 들어가서 정보를 얻었다. 우는 아이들을 달래면서 집 보러도 많이 다녔다. 돈을 벌고 싶다는 열정이 가득했었나 보다.

부동산 갭 투자에 도전해서 1년간 4채의 집을 계약했다. 돈이 아깝기도 하고 배워야겠다는 생각에 모든 것을 셀프로 하기로 했다. 법무사나 세무사가 끼면 건단 최소 10만 원 정도씩은 수수료가 나간다. 일당 번다는 생각에 스스로 하기 시작했다.

먼저 집을 계약하고 나서 소유권 이전 등기를 해야 한다. 셀프로 하려면 미리 서류를 제법 준비해야 한다. 인터넷으로 미리 준비하지 않으면 구청에 들러서 서류를 떼고, 은행에 들러서 국민주택채권을 사야 한다. 다른 서류들을 다 준비해서 세무서로 향한다. 서류 제출 전에 검토할 수 있도록 도와주는 사람들이 있는데, 물어보면 꼭 뭔가 하나씩 부족하다. 서류를 보강해서 떨리는 마음으로 제출을 한다. 2주 정도 지나면 우편으로 등기권리증이 날아온다. 내 손에 등기권리증이 떨어지기 전까지 신고를 제대로 했는지 두려움에 떨었다. 지금 사는 집까지 5번이나 했는데 매번 할 때마다 새롭다.

셀프 인테리어

매매를 하고 1~2년이 지나면 새로운 세입자가 들어온다. 오래 살면 좋은데 인생이 다 내 맘 같지 않다. 기존 세입자와 신규 세입자 이사 날짜가 딱 맞으면 너무 좋은데, 아니면 대출을 해서라도 보증금을 돌려줘야 한다.

한번은 세입자가 집을 쓰레기처럼 쓴 거다. 신혼부부라서 깨끗하게 쓸 줄 알았는데 지저분하고 냄새가 났다. 그러니 집 보러 사람들이 왔다가도 다들 절레절레하며 돌아갔다. 화가 나도 집주인이 할 수 있는 것이 없다. 결국 대출을 받아서 내보냈다. 집에 들어서니 난리도 아니다. 환기를 안 시켜서 벽에는 곰팡이가 가득하고, 새로 산 가스레인지에 음식 찌꺼기가 산이었다. 어떻게 썼는지 싱크대 문짝은 물을 먹어서 부풀어 올랐다. 인터컴은 고장나서 벨이 눌리지 않았다. 한숨이 나왔다. 새로 세입자를 들이려면 수리는 필수였다. 인테리어 업자를 부르면 기본 천만 원은 나올 텐데, 아내랑 고민하기 시작했다. 어차피 새로운 세입자를 받으려면 한 달 공실일 테니, 최대한 셀프 수리하기로 했다.

인테리어에도 순서가 있다. 철거, 페인트, 도배, 장판 순이다. 먼저 싱크대는 회생 불가여서 싱크대 공장을 찾아다니면서 저렴하게 교체했다. 싱크대 철거 이후 아내와 둘이서 베란다와 방 곰팡이 제거를 시작했다. 인터넷의 힘이 유용하기는 한데, 원하는 것을 딱 찾을 때까지는 시간이 꽤 걸린다. 베란다 곰팡이 처리를 위해서 한참을 찾다가 발견한 것이 스칼프와 인슐레드가 들어간 페인트였다. 스칼프는 정말 독하다. 곰팡이를 제거하려고 벽에 바르다 옷에 한 방울 떨어졌는데 옷 색깔이 바뀐다. 너무 독해서 벌벌 떨면서 곰팡이를 제거했다. 곰팡이 제거 후에 다음날 인슐레드가 들어간 페인트로 두툼하게 칠했다. 4년 정도 지나서 봤는데도 곰팡이가 거의 없었으니 셀프 페인트칠은 성공적이었다.

녹슨 현관문과 몰딩도 페인트칠을 했다. 나중에 보니 현관문은 녹이 계속 올라왔다. 녹 제거를 제대로 하지 못해서 벌어진 일 같다. 나중에는 녹을 꼭 제거하고 칠해야겠다.

저렴한 도배 장판 업체를 찾아서 도배를 진행했다. 도배 전에 방 곰팡이도 스칼프와 페인트로 1차 작업을 했다. 도배 업체에서 곰팡이를 처리해 준다고 해서 맡겼었는데, 항상 벽지 위로 곰팡이가 올라왔다. 최대한 할 수 있는 것은 셀프로 처리했다. 지금 와서 후회하는 건 너무 저렴한 업체를 선택했더니 벽지도 저렴했다는 것이다. 다음에는 벽지도 조금은 두툼한 걸로 해야겠다.

싱크대도 가장 저렴한 곳에서 했더니 실리콘 작업이 엉망이다.

업체와 실랑이하면서 실리콘 재작업을 했다. 셀프로 하려니 이것 저것 신경 쓸 것이 많다.

셀프로 해야 할 것들은 또 남았다. 화장실 선반과 등, 샤워 꼭지를 교체하고, 전체 방 등을 LED로 교체했다. 스위치와 콘센트도 새것으로 다 바꾸었다. 방충망을 다 떼어서 툴툴대면서 셀프로 교체했다. 고장 난 인터컴도 인터넷 주문해서 교체했다. 브랜드가 다른 것으로 했는데, 그러면 관리사무실과 연락이 안 된다고 한다. 어차피 고장이 나서 벨도 안 눌렀기에 관리사무실은 포기하고 교체했다. 인터넷을 뒤져보니 오래된 아파트는 브랜드와 상관없이 많이 바꾼다. 관리사무실하고 연락할 일이 없단다.

내가 할 줄 알아야 한다

캐나다에서 만난 스시투고 사장님도 주방일을 배우고 나서 재기에 성공하셨다. 나는 스스로 공부하고 알아보면서 돈을 불려나갔다. 셀프로 하면 돈을 아끼는 측면도 있지만, 전체적인 일을 알게 되는 것이 더 크다. 물론 셀프로 못 하는 것도 있다. 최근 부동산 정책이 바뀌면서 매매할 때 전문 세무사를 쓴다. 도저히 계산이 안 되기 때문이다. 프로가 해야 할 것은 프로를 고용해서 하면 되고, 셀프로 할 수 있는 것들은 셀프로 하면 된다. 그러다 보면 최소한 사기는 당하지 않을 거다.

6

부동산만으로는
부족해

"살면서 몇 가지의 투자를 해보았나요?"

퍼머넌트 포트폴리오(permanent portfolio)를 들어본 적이 있는가?
재테크 공부하기 전까지 들어본 적이 없는 단어였다. 미국에서
연금 투자로 많이 사용하는 방식으로 퍼시픽 하이츠 에셋 매니저
먼트(PACIFIC HEIGHTS ASSET MANAGEMENT, LLC)에서는 펀드로도 운
영을 한다.

포트폴리오의 구성은 심플하다. 주식:현금:금:채권에 1:1:1:1
로 자산을 배분하고, 일정 기간이 지나면 다시 자산을 배분하는
형태다. 과거 100년간 연평균 성장률이 6.8%다. 내가 노후를 위
해서 계속 연습하고 있는 포트폴리오다. 우리나라에는 이렇게 운

영해 주는 펀드가 없으니 직접 운영하기 위해 공부하고 연습 중이다.

주식투자 공부

주식은 공부하면 할수록 어렵다. 주식에 투자하면서 나에게 가장 큰 문제는 매일 차트를 보면서 일희일비한다는 거다. 나 같은 새 가슴에게는 주식이 어울리지 않는다. 그런데도 주식을 공부한다. 자산의 분배 때문이다. 주식시장 명언에 이런 말이 있다.

"달걀을 한 바구니에 담지 마라."

누군가가 이 격언을 듣고 삼성전자, 현대자동차, 한독약품 등의 주식으로 다양한 포트폴리오를 구성했다. 이건 한 바구니가 아닐까? 당연히 한 바구니다. 주식이라는 한 바구니에 담은 거다. 주식시장이 요동칠 때 리스크 헷지가 안 된다. 따라서 부동산, 현금, 주식, 금 등으로 자산을 분배해야 한다. 그러기 위해서 주식 공부도 하고 있다.

일명 잡주라고 불리는 주식으로 돈을 잃기도 하고 벌기도 했다. 역시 잡주를 거래할 때는 매일 시간마다 주식 차트를 본다. 어느 순간 정상적인 일이 안 된다. 얼마 전 코인 광풍 때도 일정 금액 투자하려다가 멈췄다. 주변에 밤새워서 코인 차트를 보며 폐인 생활을 하는 사람이 여럿 생겼기 때문이다. 이제는 몇 개 우량주에 조금씩 분산해 놓고 수익률을 지켜보고 있다.

　주식 직접투자에는 부담이 있어서 가장 많이 투자하는 것은 ELS와 ETF다. ELS는 주가 연계 증권으로, 일반적으로 기초자산을 지수형으로 많이 한다. 코스피 지수나 유로 스톡스50 등 주가지수가 만기 때까지 40~50% 정도 떨어지지 않으면 수익을 받는다. 일반적으로 은행 금리의 3배 정도 생각하기 때문에 4~6% 정도의 수익을 낸다. 10년째 꾸준히 해오고 있는데, 지금까지 손실이 난 적은 없다. 투자하는 요령은 여러 가지가 있지만, 매주 여러 개 ELS가 생기기 때문에 한 번에 500만 원 이하만 투자한다. 혹시 모를 투자 손실을 헷지하기 위해서다.

　ETF는 상장지수펀드다. 여러 주식을 모아서 그 주가지수를 상장한 펀드라고 보면 된다. 국내에도 많이 있지만 고수들은 미국 ETF에 투자한다. 나도 국내 ETF에서 재미를 많이 못 봐서 올해부터 일부 미국 ETF에 투자하고 있다. 최근에 코로나로 여행 업계가 죽었다가 살아나고 있기에 여행 관련 ETF를 눈여겨보고 있다. AWAY, PEJ, TRYP ETF 등이 있는데 추이를 보고 있다. 이렇듯 개별 종목에 투자하는 것이 아니라 업종에 투자하는 것이 ETF이기 때문에 종목 고민을 하지 않고 시장 흐름을 보고 투자하고 있다.

현금, 채권, 금 투자 공부

보통 현금 보관은 MMF와 CMA에 이용한다. 최근에는 은행마다 파킹통장이라고 금리를 조금 더 주는 통장도 있는데, 거래 은행에 비상금 개념으로 한도까지 현금을 넣어 둔다.

일부 금액은 달러를 구매했는데, 최근에 달러가 올라서 정리하고 MMF에 추가 입금했다. 달러 같은 경우에는 달러 예·적금을 이용하는 편이다. 달러가 내려갔을 때 매수를 하고 올라가면 매도를 하는데, 환차익도 얻을 수 있고 약간의 이자도 받는다. 환율은 주식보다 예측하기 어렵다고 한다. 환율이 내려갔다고 생각할 때 사서 1년 정도 기다리면 5~10% 정도는 등락 폭이 있다. 없으면 1~2년 더 기다린다. 현금이기에 조급함이 없다. 해외 여행 갈 때 현금으로 찾아서 쓰기도 한다. 개인적으로 불안해서 해외에서는 카드보다 현금을 사용하는 편이다. 달러 ETF를 이용하는 사람도 있는데, 수수료나 통장 관리 등의 차원에서 결정하면 된다. 현금은 투자한다기보다는 보유한다는 개념이다. 파킹통장, 예·적금, MMF, CMA, 외화적금 등을 활용한다.

금은 100% ETF를 이용한다. 내가 직접 사고파는 번거로움 때문이다. 금 펀드도 있고, 금 통장도 있다. 금 펀드는 펀드이기 때문에 운영 수수료가 발생한다. 금 통장은 원할 때 실물인 금으로 받을 수도 있다. 그때 부가가치세 10%가 부가된다. 또한 금을 사고팔 때는 1%의 환율 수수료를 내야 한다. 나는 약 6개월 정도마다 포트폴리오 비중을 조절할 것이기 때문에 간편한 ETF를 이용하고 있다.

채권은 펀드를 이용한다. 여러 재테크 카페에서 추천받고, 최근 3년간 수익률을 비교해서 투자한다. 기복이 있기는 하지만 꾸준한 수익률을 보인다.

한 가지 투자만으로는 부족하다

투자할 때 우리나라는 망하지 않을 거라는 가정을 하고 시작한다. 나라가 망하면 어차피 국내 부동산이나 주식이 헐값이 되니 투자에 대해 고민을 할 필요도 없다. 그래서 부자들이 미국 주식에 더 관심을 가지는 걸지 모른다.

부동산 고수들도 어느 순간 주식 등에 복수 투자하고 있고, 주식 고수들도 나중에 만나면 본인 집은 구매해서 보유한다. 다들 일정 투자 금액을 헷지하는 것이다. 한곳에 몰빵하면 처음에는 성공할 수 있지만, 장기적으로는 언제 무너질지 모르기 때문이다.

그래서 연습 중이다. 처음 부자가 될 때는 주식이나 부동산 한

쪽으로 몰아서 투자 수익을 극대화해야 하지만, 일정 시간이 지나면 안정화해야 한다.

지금은 천만 원을 가지고 4개 항목에 250만 원씩 투자하고 있다. 퍼머넌트 포트폴리오를 자체 연습하는 것이다. 목표는 연 수익률 6% 정도다. 주식 수익률에 따라서 떨어지거나 올라갈 수 있을 것 같다. 부동산 이외의 수익으로 투자 위험을 헷지하는 연습이다.

계속 연습하는 이유는 또 있다. 노년을 위해서다. 나이 들어서 건물주가 꿈인 사람들이 많은데, 세입자와 보통 1년에 1~2번 실랑이를 해야 한다. 노후 수리부터 재계약, 월세 이슈 등이 있다. 또한 종합부동산세 신고 등도 해야 하는데, 나이가 들어서 힘들게 하고 싶지 않다.

노년에는 부동산보다는 현금을 운영하는 것이 속 편하다고 생각한다. 그렇다고 위험하게 자산을 운용하고 싶지도 않고, 내가 모르는 투자 방법으로 투자하고 싶지도 않다. 나이 들어서 돈이 있다고 무턱대고 은행에서 추천하는 펀드에 들었다가 손해를 보면 누가 보장을 해주겠는가? 내 자산은 내가 지켜야 한다. 고수들도 조언을 줄 수는 있지만, 투자에 대한 결정을 내려 주지는 않는다. 결정은 내가 내려야 하며, 내가 알지 못하면 결정을 내릴 수 없다. 아마 내 자산이 더욱 불어나더라도 나의 공부와 연습은 계속될 것이다.

7

어느 순간
자산 10억

"돈이 돈을 번다는 말을 들어보았나요?"

재테크 초기에 돈이 돈을 번다는 말을 이해하지 못했다. 어느 정도 자산이 형성되고 나서야 이해했다. 천만 원으로 10% 수익을 내면 백만 원이지만, 10억으로 10% 수익을 내면 1억이다. 같은 기회라면 투자금이 많은 사람이 승리할 수밖에 없다.

태어날 때부터 10억이 있는 사람은 금수저 말고는 없다. 금수저, 생각보다 많지 않다. KB금융지주 경영연구소의 2020년 자료에 따르면, 우리나라에 10억 이상 금융 자산가는 35만 4천 명이다. 우리나라 인구가 5,182만 명이니 전체인구의 약 0.7%다. 4인 가구라고 따지면 전체 가구의 3% 정도만이 부자라고 할 수 있다.

나도 아직 부자의 반열에 들어서지 못했다. 부동산에 자산이 묶여 있기에 금융자산만으로 10억이 넘어서려면 4~5년 정도는 더 필요할 듯하다. 지금은 부자의 길에 발을 내디딘 것이고, 그때가 되어서야 진정 부자라고 이야기할 수 있을 것 같다.

자산 10억이 되는 이론

부동산과 동산 합쳐서 10억이 넘어가는 시점이 결혼하고 10년이 되었을 때다. 매년 1~2번씩 자산을 정리하는데, 어느 순간 자산 가치가 10억이 되어 있었다. 계산한 날 아내랑 맥주 한 잔 했다. 우리에게 이런 날이 오는구나 하고 말이다. 어떻게 10억이 넘었을까? 이론을 좋아하는 내가 막혔던 부분이다. 감으로는 알겠는데 사람들에게 이론적으로 설명하기가 어려웠다. 이유가 수학적 계산으로 설명하기 어려워서다.

재테크 책을 읽어 보면 처음 천만 원 모으기가 어렵지, 이천만 원은 금방 모인다고 적혀 있다. 1억 모으는 거보다 2억 모으기가 더 쉽다고 하는데, 근거는 알려주지 않는다. 해보라고 한다. 그래서 해봤다. 해보니 1억, 2억에 의미를 부여하기가 어려웠다.

경험치마다 다르겠지만, 내 경험은 1억 모으기도 어려웠고, 2억 모으기도 어려웠다. 그런데 어느 순간 3억이 되었다. 예상하지 못한 여러 가지 상황이 겹친 거다. 부동산 가격이 뛰기도 했고,

자사주를 받아서 이익을 보기도 했다. 이직하면서 퇴직금을 받기도 하고, 회사 인센티브를 받기도 했다. 모든 게 계획대로 그리고 순서대로 이루어진다면 언제 얼마가 될 거라고 예상하지만, 나도 모르는 사이에 벌어진다. 그리고 그것들을 움켜쥐고 놓치지 않았기에 내 통장에 남아 있게 된 거다.

똑같은 이야기의 반복이겠지만 결국 두 가지다. 꾸준한 저축과 꾸준한 투자다. 결혼하고 지금까지도 커피값 100원이 더 저렴한 곳을 찾아다닌다. 어느 날은 그 돈이 아까워서 커피믹스를 마신다. 아낀 돈을 모아서 저축한다. 얼마나 많이 모일지 모른다. 그저 아끼고 저축한다. 그러다 보면 투자할 시점에 투자할 돈이 부족하게나마 모인다. 부족한 것은 대출받든, 빌리든 방법을 찾아서 투자한다. 몇 년을 힘들게 투자하다 보면 나도 모르는 사이에 자산 가치가 올라가 있다. 이런 경험을 바탕으로 계속 저축과 투자를 하는 것이다.

어느 순간 자산 10억

공부 잘하는 친구한테 물어본다. "공부 어떻게 하면 잘할 수 있냐?" 그럼 답변한다. "국·영·수 열심히 하면 돼." 원론적인 답변 말고 우리는 특별한 방법을 찾고 싶은데 알려주지 않는다. 알려주지 않는 것이 아니고 설명하기 어려운 거다. 정말 열심히 하다 보니 된 건데 그것을 수학 공식처럼 설명하기 힘들다.

"자산 10억 이상 모으려면 어떻게 해야 합니까?" 역시 수학적으로 계산해서 알려주기 어렵다. 노력도 들어갔고, 운도 계산을 해야 한다. 모든 것이 다 합쳐져서 나온 결과다. 노동을 통해 단기 수입을 내고 주식, 적금 등을 통해 중단기 수익을 만들었다. 10년 정도의 부동산 장기 투자를 통해서 자산 증식을 했다. 가장 기본적인 방법인데, 사람들은 10년을 꾸준히 하기 힘들기에 계속 물어본다. 언제까지 이 힘든 것을 계속해야 하는지 궁금한 거다.

직장을 다니면서 처음 6년간 씨드머니를 모았다. 씨드머니와 영끌을 통해서 부동산 투자를 했다. 결혼하면서 맞벌이를 통해 대출금을 갚아갔다. 여러 가지 사정으로 집값이 저렴한 동네로 이사를 가면서 두 번째 투자를 했고, 그 집에서 11년째 살고 있다. 11년이 지나니 주변이 개발되면서 집값도 덩달아 올랐다. 그동안 첫 번째 투자한 부동산을 팔고 이익금으로 갭 투자에 뛰어들었다. 4채를 구매했는데 1채는 큰 이익, 2채는 작은 이익, 1채는 본전 정도의 수익을 냈다. 일정 기간 보유 중이며 그동안 ETF, ELS, 채권, 주식, 적금 등을 활용해서 금융자산도 늘려나가고 있다. 부동산 정책이 항상 바뀌기에 양도세 때문에 자산 가치가 떨어지고 있기는 하지만, 아직 전체 자산이 10억은 충분히 넘는다.

정확한 자산규모는 4~5년 후에 부동산을 정리하면서 파악이 될 듯하다. 세무사도 포기한 양도세 계산 때문이다.

요약해서 이야기했지만, 나의 자산 형성 과정은 정답이 아니다. 인생에 100명이 있다면 해답이 100개가 있듯이, 부자가 되는 길도 100명이 있다면 100개의 길이 있다. 이렇게 자산을 형성하는 데 결혼 후 약 10년 정도가 걸렸다. 주식이 대박 난 적도 없고, 강남 아파트를 사서 대박을 낸 적도 없다. 꾸준히 저축하고 공부한 후에 투자하다 보니 된 거다.

외벌이인데 수입이 적거나 씀씀이가 크다면 10년간 이렇게 자산을 형성하기 어렵다. 그럴 때는 본인만의 방법을 다시 찾아야 한다. 부자가 되는 길은 개인마다 다르기 때문이다.

나는 이제 겨우 부자에 한 발 올려놓았다. 아직 우리 부부의 노후를 위해서는 부족하다. 앞으로 10년 정도 초심을 잃지 않고 금융자산 20억을 목표로 나아가는 중이다. 목표를 이루게 된다면 작은 부자라는 소리 정도는 들을 수 있지 않을까? 오늘도 금융자산 20억을 생각하면서 아끼고, 저축하고, 투자한다. 분명 나도 모르게 어느 순간 자산 20억이 되어 있을 거라 믿으면서 말이다.

8

수입의 다변화가
필요하다

"만약 복권 당첨으로 현금 10억을 받는다면 어떻게 하겠습니까?"

복권 당첨 생각만 해도 기분이 좋다. 10억 현금이 생긴다고 직장생활을 그만둘 수 없다. 물론 소소하게 벌면서 소소하게 쓰는 삶을 산다면 가능하다. 하지만 월 400~500만 원씩 쓰는 삶이라면 결코 넉넉한 금액이 아니다.

10억 복권이 당첨된다면 투자할 거다. 월세 받을 부동산 하나, ELS, ETF, 주식, 일부 금액은 추가 투자를 위한 비용으로 CMA에 넣어 둘 거다. 그리고 회사는 꾸준히 다닐 거다. 월급쟁이 부자가 되는 것이다.

10억으로 연 수익률 5%로만 되어도 1년에 5천만 원이다. 연 수익률 5%를 목표로 투자 포트폴리오를 만들 거다. 매년 기복이 있겠지만, 3~7% 사이의 수익은 분명히 나올 수 있다. 욕심만 부리지 않는다면 월급에서 나오는 돈과 투자 수익률을 통해서 추가 투자도 하고 여유로운 삶을 살 수 있다.

수입의 다변화

자산이 10억이 넘었으니 여유로운 삶을 살고 있냐고 물어 볼 수 있다. 사실 반반이다. 여유롭기도 하지만 바쁘기도 하다. 수입의 다변화를 위해 하는 일이 많다. 이런 것을 파이프라인이라고 한다. 수입의 다변화를 통해 여러 곳에서 돈이 들어오는 파이프라인을 만들어야 한다. 돈만 보고 달려가고 있지 않아서 스트레스는 적지만 그만큼 많은 일을 해야 한다.

첫 번째로 프리랜서 강사 일을 하고 있다. 우연한 기회에 강사 일을 시작을 했는데, 적성에도 맞고 매년 일정 수익을 만들어 주기에 열심히 하고 있다.

두 번째 직업은 작가다. 작가는 배고프다. 진심이다. 사람들이 좋아하는 이야기를 쓰지 않는 한 책이 팔리지 않는다. 그래도 열심히 홍보해서 그런지 분기마다 조금씩 인세가 들어온다. 적은 금액이지만 돈이 입금되니 행복하다.

세 번째 직업은 블로거다. 상업적인 글을 쓰지 않는다. 이유는 자존심 때문이다. 상업 블로그로 월 100~200만 원씩 버는 사람들이 주변에 있다. 내 블로그는 나와 가족의 이야기로 가득 차 있는 공간이기에 지저분하게 만들고 싶지 않아서다. 그래도 한 달에 한 번씩 치맥값은 나온다. 좀 더 공부해서 수익을 늘려보고 싶은 계획을 세우고는 있다.

네 번째 직업은 전업주부다. 하루에 가장 큰 비중을 차지한다. 아이들이 쑥쑥 커가면서 내가 해야 할 일도 쑥쑥 늘어난다. 육아의 끝은 자녀가 결혼할 때라고 하던데, 조금만 빨리 끝나기를 바라면서 일을 한다. 전업주부를 직업으로 생각하기 때문에 최소 1년에 4~5천만 원은 아끼고 있다. 아이들 돌보는 비용도 들지 않고, 학원을 조금 적게 보내면서 부모표 공부도 한다. 너무 춥거나 덥지 않으면 아이들과 계속 뛰논다. 아이들의 건강은 돈으로 환산할 수가 없다. 물론 아내가 마음 편히 회사 일도 한다.

다섯 번째는 투자가다. 책을 쓰고 강의하면서 아이들도 돌보다가 한 번씩 투자자 모드로 변신한다. 나이를 먹어서 그런지 즉

각 모드 전환에 힘이 든다. 투자 기회가 있으면 돈이 움직이는 것이기에 투자자 모드 전환 후 최대한 집중한다. 투자를 통해서 여러 군데에서 수익이 나온다. 월세, ELS, ETF, 국내 주식투자, 미국 주식투자, CMA, 특판 적금 등 안전하면서 최대한의 수익을 내기 위해 노력 중이다.

수입을 다변화시키는 이유는 두 가지다. 첫 번째는 10억으로는 노후가 여유롭지 않기 때문이다. 좋은 집에 살고 싶으면 10억은 훌쩍 넘어간다. 적당한 집에서 살더라도 현금 보유 금액이 적어지면 노후가 쉽지 않다. 그래서 수입을 다변화하고 지속적인 수입 모델을 만들어 가는 중이다.

두 번째는 위기 대처 때문이다. 언제 무슨 일이 일어날지 모르기 때문에 리스크 헷지하는 것이다. 만약 아내가 회사를 그만두거나, 내가 강의를 그만두더라도 먹고 사는 데는 지장이 없어야 한다. 하는 일 중의 하나가 망가지더라도 우리 아이들을 힘들게 하고 싶지 않다. 그래서 수입을 다변화하는 것이다.

앞으로도 공부를 통해 수입의 다변화를 가지고 갈 거다. 자산이 20억이 되고 30억이 된다면 더욱 다양한 파이프라인을 만들 듯하다. 이런 노력이 지금의 여유를 만들었기에 아마도 70세까지는 계속되지 않을까? 100세 인생이니까 말이다.

제 3 장

부모부터
경제 공부

우 리 집 부 자 교 육

1

우리는 경제교육을
받지 못했다

"중·고등학교에서 돈 버는 법을 배우셨나요?"

조금 어려운 경제 이야기를 해보자. 금융시스템은 어디서 만든 것인지 아는가? 영국이 만들고 미국이 발전시킨 것이다. 세계 경제가 그래서 미국을 바라보고 있다. 그럼 왜 해외 금융위기, 특히 뱅크런이 우리 경제를 침범하고 물가를 올리는지 아는가? 중·고등학교 때 한 번도 배워보지 못한 내용이다.

금융위기가 오면 뱅크런이 일어날 수 있다. 뱅크런이 일어나는 이유는 은행이 부채가 심하기 때문이다. 예를 들면, 은행에 예금이 100만 원이 있다면 지급 준비금만 빼고 대출이 가능하다. 만약 지급 준비금이 10%라면 10만 원을 제외한 90만 원을 고객에게 대출해 줄 수 있다. 그런데 고객이 갑자기 50만 원을 찾아버리면 지급 준비금이 부족하기에 뱅크런, 즉 은행이 파산하는 것이다. 미국에서 뱅크런이 일어난다면 전 세계 경제가 휘청댈 거다. 전 세계 경제가 미국을 보고 있기 때문이다.

뱅크런 같은 이론적인 경제 이야기를 하면 어렵다. 그럼 실질적인 돈 이야기를 한번 해보자. 은행에 대해서 어떻게 생각하는가?

은행원이 모든 것을 알고 있지 않다

초등학교 때 어머니 손을 잡고 처음으로 은행에 갔다. 어린 눈에 은행은 크고 깨끗했다. 약간의 주눅도 들었지만 어머니가 옆에 있기에 은행에 대한 기억은 긍정적이었다. 은행원 누나가 건네준 첫 통장을 오랫동안 사용했다. 20년이 넘게 사용했었고, 온 가족이 하나의 은행을 이용하니 금액에 상관없이 장기 우대 고객이었다. 첫 은행이 주거래 은행이 되었고 오랫동안 많은 혜택을 받았다고 생각했다.

첫 직장에 들어가서 월급이 나오자 동기와 함께 은행에 가서 적금 통장을 만들었다. 마침 동기도 주거래 은행이 나와 같았다. 그 당시 직장인이라면 무조건 근로자우대 저축과 장기주택마련 저축이 필수였다. 은행원 누나가 근로자우대 저축에는 고정금리와 변동금리가 있다는 설명을 해주었다.

"고정금리하고 변동금리 중 어느 것에 가입해야 하나요?"
"당연히 변동금리죠. 이자율이 계속 변해서 더 이익일 거예요."
"좋네요. 그럼 전 변동금리로 가입을 할게요."

상담 후에 나는 변동금리 약 12% 5년 만기 적금에 가입했고, 동기는 약 15% 고정금리 5년 만기에 가입했다. 5년이 지난 후 나의 이자율은 약 8%대였고 동기는 꾸준히 15%대였다. 나중에 만기 금을 찾을 때 은행원을 원망했다. 잘 알지도 못하면서 추천했다고 말이다. 같은 상담을 받고 동기는 왜 15% 고정금리에 가입했을까? 몇 가지 추측을 해본다. 15%가 적당한 금리라고 판단했거나, 고정금리가 안전하다고 생각을 했거나, 아니면 어릴 때부터 돈 공부를 하지 않았을까? 어떤 이유가 되었든 동기가 나보다 30% 이상의 수익을 낸 것은 부러운 사실이다.

막연한 투자는 실패 확률이 높다

첫 직장에서 운이 좋게 우리사주가 들어왔다. 장외에 파니 500만 원을 손에 쥘 수 있었다. 그 당시 3개월 치 월급이니 꽤 큰돈이다. 주식으로 돈을 벌 수 있겠다는 생각에 주식투자를 시작했다. 자기 계발 서적에서 항상 경제를 알려면 주식을 해야 한다고 하니 돈도 벌고 경제도 알게 되는 일거양득이라고 생각했다.

주식을 전혀 모르니 만화로 끝내는 주식투자라는 책 한 권을 읽고 주식에 뛰어들었다. 여름이 다가오니 에어컨 주가 뛰겠다고 생각하고 에어컨 회사에 무작정 500만 원을 투자했다. 주가가 내리자 책에서 알려준 대로 손절매하고 물타기하면서 2주일을 보냈더니 투자금이 200만 원이 되었다. 작전세력이 들어왔다가 나간 것이다. 회사 재무제표도 본 적이 없고 매출액도 몰랐다. PBR이나 PER 같은 단어도 들어본 적이 없다. 만화로 대충 공부했기 때문이다.

결국 주식은 내 길이 아닌가 보다 하면서 손절매하고 끝을 냈다. 당연하달까? 그 이후에 주식이 올랐다. 손해액 대부분은 회복할 수 있을 만큼 말이다. 탄탄한 회사였기에 보유했으면 됐을 텐데, 주식에 관한 공부도 부족했고 기준도 없었다.

과거에 평택에 잠시 있었는데 지역 주민이 부동산에 투자하라고 꼬드겼다.

"여기 아파트가 1억이 안 돼, 평택역도 가까운데 싸다고. 그래서 나도 우선 한 채 구매했어. 한번 생각해 봐."

당시 현금 3천만 원에 마이너스 통장 2천만 원이 있었기에 5천만 원만 대출받으면 살 수 있었다. 부동산 매매에 대한 두려움도 있었고 지방이었기 때문에 지나가는 이야기로만 남겼다. 지금 아파트 매매가가 1억 5천만 원 정도 한다. 5천만 원 정도 올랐으니 투자 안 한 것이 억울할 수 있다. 그런데 10년이라고 생각하면 이야기가 달라진다. 10년 전 매매가가 1억이었다. 년 기준으로 매년 5%가 오른 거다. 여러 가지 관리 이슈를 생각하면 투자 안 하는 것이 정답이었다. 주식처럼 막연한 투자를 할 뻔한 것이다.

실질적인 경제 공부를 해야 한다

어릴 때 받은 경제교육은 은행에 저축하라는 것이었다. 주식, 부동산, 장기 투자, 단기 투자 등에 대해서 교육받은 적이 없다. 저축마저도 공부를 안 하면 다른 사람보다 수익률이 떨어진다. 공부 없이 주식 열풍에 뛰어들면서 돈도 날렸다. 부동산 투자도 실패할 뻔했다. 누구도 돈에 대해서 가르쳐 주지 않았기 때문이다. 학교에서도 가정에서도 말이다.

살아가다가 운이 좋으면 20살 넘어서 모임 등을 통해 경제와 투자에 대해서 배운다. 여기서도 운이 좋아야 멘토를 통해 올바른 투자를 배우지만, 운이 나쁘면 돈만 날린다. 주식으로 날리기도 하고, 기획부동산에 걸려서 날리기도 한다. 돈 공부가 부족하면 가난의 덫에서 벗어나지 못한다.

자녀의 미래가 풍요롭기를 바란다면, 우리 아이들은 달라야 하지 않을까? 아이들이 크게는 경제 공부, 작게는 돈 공부를 해야 한다. 아이들이 혼자 할 수 없기에 유아 때부터 부모와 함께 돈 공부, 경제 공부를 해야 한다. 아이들 덕분에 부모도 공부한다고 생각하면 좋다. 부모가 경제 공부를 안 하면 아이들도 하지 않는다. 경제 공부를 젊어서 하지 못했다는 한탄을 하기보다 부모가 먼저 공부해야 한다. 나는 힘들더라도 우리 아이만은 행복하기를 바라는 것이 부모의 마음 아닌가? 그런 마음으로 아이와 함께 돈 공부부터 해야 한다. 돈을 긍정적으로 생각하고 돈이 무엇인지부터 시작하는 것이다. 돈 공부로 시작하는 경제교육이 우리 아이를 경제적 자유인으로 이끌어 줄 것이다. 경제적 자유인, 말만 들어도 행복하지 않은가.

2
투자를 쉽게 하거나, 두려워하거나

"투자를 꼭 해야 하나요? 그럼 어떻게 해야 하나요?"

투자는 상황에 따라 신중하게 해야 한다

부모님 댁을 방문했는데 두 분이 싸우고 계셨다. 자세히 들어보니 어머니가 오피스텔에 투자하려고 하는 것을 아버지가 반대하셨기 때문이다. 나도 옆에서 조곤조곤 반대했다. 이유는 부모님 연세 때문이다. 80이 다 되어 가시는 부모님이 수리하고, 월세 세입자를 받고, 문제가 생기면 처리하는 것을 편하게 하기 어렵다. 어머니는 월세 수익률만 보고 쉽게 접근하신 거다.

어머니가 오피스텔 투자를 고민한 이유는 은행 금리 때문이다.

부모님은 평생 일해서 집 한 채, 차 한 대, 그리고 약간의 노후 자금을 마련하셨다. 나이가 들어가면서 두려우신 거다. 가지고 있는 돈들이 점점 줄어들기 때문이다. 예전에는 은행에 돈을 넣어두면 이자로 생활이 가능했지만, 1%대의 이율은 평균 1.7%대인 물가 상승률보다 낮기에 실제로는 마이너스 금리다.

만약 80이 다 되어 가는 부모님이 아니고 20~30대 후배가 투자를 이야기했다면 무조건 추천했을 것이다. 투자하지 않은 돈은 죽은 돈이기 때문이다. 상투적인 이야기지만 젊으면 투자에 실패해도 일어설 수 있다.

최근에 동학개미와 서학개미가 늘어났다. 정부가 부동산을 두드려 패니 시중의 돈이 주식시장으로 넘어갔다. 코로나19로 시국이 불안정해지면서 주식시장에 공매도 금지가 내려지자 개미들이 수익을 내기 시작했다. 우리나라만의 이슈는 아니다. 미국은 로빈후드 투자자, 일본은 닌자 개미, 중국은 인민 개미로 불리며 투자자가 급증하고 있다. 싱가포르, 필리핀, 유럽도 예외는 아니다. 영끌까지 해서 투자를 하는 사람들이 많아진다는데, 투자를 너무 쉽게 생각하는 것이 아닌지 우려스럽다. 코로나 이후 경제가 어디로 달아날지 아무도 알 수 없기에 언제 들어가고 언제 나올지를 계산한 신중한 투자가 필요한 시기다.

투자할 때는 공부를 해야 한다

한참 부동산 투자 공부할 때 아는 동생이 집을 알아보러 다녔다. 세 자매가 함께 살다가 두 명이 시집을 가게 되어 막내가 혼자 자취방을 알아본다는 것이다. 간단하게 조언을 주었다.

"역세권에 오피스텔을 대출받아서 살아. 그리고 나중에 문제가 생기면 월세 주면 되잖아."

여직원의 동생은 대형병원의 간호사였기에 대출에도 전혀 문제가 없었다. 여러 번 이야기했지만 나의 조언은 허공에 있었다. 결국 동생은 오피스텔 몇 군데를 전전하다 지금은 빌라 월세를 살고 있다.

마흔이 넘어 싱글인 후배랑 술 한 잔 하면서 조언을 한 적이 있다. 진정 결혼하기를 바랐기 때문이다.

"너 나이가 있으니까 빚이 있더라도 아파트 하나 가지고 있어야 결혼하기 괜찮을 것 같다."
"괜찮아요, 형. 지금 주식하고 있으니까 몇 년 지나서 사면 될 것 같아요."

얼마 전 후배에게 집을 알아보러 다닌다는 전화가 왔다. 어디에 투자를 해야 하냐며 물어보면서 몇 년 전에 알아본 서울 역세권 아파트가 4억에서 6억으로 올라 억울해서 매매 못하겠다고 울분을 토했다. 그 아파트는 지금 8억이다. 4억일 때도, 6억일 때도 같은 이야기를 했다. 실수요니까 구매하는 게 좋을 것 같다고 말이다. 지금도 비슷한 의견이다.

공부하다 보면 알게 된다. 서울 역세권은 떨어지더라도 시일이 지나면 우상향이 된다. 물가가 오르기 때문에 최소 물가 상승률만큼은 오르게 된다. 지금 집값이 비싸다고 아우성칠 게 아니고 조사와 분석을 통해 구매 시점을 판단해야 한다.

투자를 너무 쉽게도, 두렵게도 생각하지 말아야 한다. 8:2의 법칙을 들어 봤을 것이다. 뭐든지 잘하는 상위 20%에 몰린다는 법칙이다. 경제도 예외는 아니다. 2017년 영국 구호단체인 옥스팜은 보고서에서 "2017년 한 해 동안 새로 창출한 전 세계 부의 82%는 상위 1% 부자들이 차지했다"라고 적어 놓았다. 주식도 마찬가지다. 투자자 여러 명에게 골고루 수익을 안겨주지 않는다. 분명 공부하고, 분석하고, 노력한 투자자에게 수익을 안겨준다. 주식이라는 것이 100번 운으로 성공해도 한 번 몰빵하다 망하면 순식간이다. 공부하고, 분석하고, 노력해서 상위 20%에 들어야 한다. 쉽게 생각하지 말아야 한다. 주식을 하더라도 내 돈이 움직인다고 생각해야지 사이버머니가 움직인다고 생각하면 안 된다. 사이버머니로 보는 순간 주식이 도박이 되어 버린다.

물론 두려워해서도 안 된다. 주식은 잘도 사면서 부동산을 매매하라고 하면 절레절레하는 사람이 많다. 공부하면 되는데 공부가 하기 싫단다. 공부하지 않아서 두려운 것이다. 두려움을 없애기 위해서 남의 이야기를 듣는 것이 아니라 공부를 해야 한다.

공부했다면 실천해야 한다. 투자하지 않는 돈은 죽은 돈이다. 100만 원이라도 돈이 모였다면 ELS에라도 넣어봐야 한다. 이렇게 이야기하면 사람들이 ELS는 주식 파생상품이라고 두려워하면서 투자하지 않는다. ELS 금리가 년 5~6% 정도 된다. 중위험 중수익이다. 물론 상품이 다양해 조건을 잘 살펴보고 투자해야 한다. 좋은 상품에 투자하기 위해서 나는 5개 증권사의 주식계좌가 있다. 증권사마다 ELS 상품이 다르기 때문이다. 귀찮지만 조금만 손품 팔면 은행 금리보다 높은 수익을 낼 수 있다.

투자는 꼭 해야 한다. 문제는 도박같이 쉽게 생각하거나 두려워서 기회를 놓치는 것이다. 돈이 사이버머니로 보이면 투자 기준을 검토해야 한다. 세상에 쉬운 일은 없다. 도박이 아닌 투자를 해야 한다. 두려우면 공부해야 한다. 투자하기 전에 나는 투자를 쉽게 생각하는지, 두려워하는지 한 번쯤 생각해 보고, 투자에 관한 공부가 어느 정도인지도 꼭 생각해 봤으면 좋겠다.

3

처음부터 분산 투자?

"사회 초년생 투자는 어떻게 해야 할까요?"

처음은 분산이 아니라 집중이다

헬조선이라고 이야기하면서 취업과 결혼이 힘들다고 뉴스에서 떠든다. 실제로 삶이 힘들지만, 직장에 취업하면 장밋빛 미래가 펼쳐질 거라 상상한다. 취업하고 나면 실상은 여전히 빡빡한 현실이다. 현실을 인지해서 그런지 최근에 주식통장 개설이 붐이다. 2021년 1월 5일 단 하루에 키움증권 신규 계좌 개설 숫자가 3만 9,756개라고 한다. 기사를 보면서 절반의 긍정적인 생각과 절반의 부정적인 생각이 함께 들었다. 긍정적인 부분은 이제 투자가 필수라는 것을 사람들이 인식한다는 생각이고, 부정적인 부분은 투자를 투기로 인식하는 것 같다는 생각 때문이다.

주식은 제로섬 게임이다. 내가 수익이 나면 누군가는 손실이 난다. '나만 손실이 아니면 돼'라고 생각을 하지만, 어느 순간 나만 손실이 날 수도 있는 것이 주식시장이다. 투자는 개인의 목표 수익률 기준으로 다양한 곳으로 분산해야지 주식 하나만 몰빵하면 안된다.

> "돈을 모아 본 경험이 많지 않은 사회초년생은 세액공제 혜택을 받으면서 은퇴 이후를 대비할 수 있는 개인형 퇴직연금(IRP) 또는 연금저축 계좌 가입이 필수." (경향비즈 20~30대 사회초년생도 개인연금은 필수, 2019.06.16.에서 발췌)

분산 투자를 이야기하면 꼭 나오는 말이 연금과 보험이다. 미래를 위해 분산 투자를 하라는 이야기다. 연금과 보험은 보통 20년 이상 납입을 한다. 당장 5년 앞도 잘 모르겠는데 20년 후를 준비하라고 한다. 미래를 준비해야 하는 것은 맞지만, 굳이 연금과 보험으로 준비해야 할까? 투자를 잘해서 투자금이 불어나면 그것이 연금이 아닌가? 물론 두 가지 조건이 맞으면 투자를 하지 않아도 된다. 내가 다니는 직장이 평생직장이고, 내 주변이 기복 없이 흘러간다면 말이다.

주변에 조건이 맞는 가정이 분명히 있다. 부부가 공무원이고 아이는 한 명이다. 부부가 짠돌이기 때문에 쓸데없는 소비도 하지 않고 돈을 차곡차곡 모으고 있다. 안전을 추구하기 때문에 몇 백만 원 정도로 주식만 하고 부동산 투자도 하지 않는다. 단지, 청약만을 노리면서 살아가고 있다. 이 부부는 특별한 일이 없다면 미래에도 기복 없이 살아갈 것으로 보인다. 이런 상황이면 연금과 보험을 꼭 가입하는 것이 좋다. 20년 후를 대략 예측할 수 있기 때문이다.

일반적인 직장인은 앞날을 예측하기 어렵다. 나도 45세 전에 여러 가지 사정으로 회사를 그만두었다. 앞날이 불확실했기에 보험을 최소한으로 가입했고, 개인연금은 50세 이후에 필요하면 가입하려고 한다. 이유는 한 가지다. 연금에 가입하면 투자금이 부족해지기 때문이다. 10~20만 원 금액 가지고 너무 하는 거 아니냐고 할 수 있지만, 투자하다 보면 어느 순간 100만 원이 부족해서 다른 사람에게 빌려야 할 때도 있다.

분산 투자의 기준을 잡아야 한다

사회 초년생일 때 재무설계를 받은 적이 있다. 그 당시 200만 원이 안 되었지만 대략 급여가 200만 원이라면 다음과 같은 내용으로 설계를 해준다.

급여 : 200만 원

- 생명보험 : 10만 원
- 실손보험 : 6만 원
- 변액보험 : 20만 원
- 연금저축 : 20만 원
- 소비비용 : 60만 원
- 은행펀드 : 50만 원
- 은행저축 : 34만 원

실제로 펀드에서 손해를 보지 않는다는 가정하에 월 84만 원을 모을 수 있다. 1년이면 1,008만 원이고, 5년이면 5,040만 원이다. 용돈 등의 소비 비용이 적어서 가능한 금액이다. 보험을 저축으로 인식하지 않은 이유는 실손보험은 환급이 없고, 연금이나 변액보험은 필요할 때 찾기 어렵기 때문이다.

5천만 원은 분명 큰돈이다. 하지만 50만 원 이상이 20년 후 미래를 위해 투자가 되어 있다. 만약 2~3년이 지나서 부동산에라도 투자하려고 한다면, 몇백만 원이 아쉬워질 수 있는 상황이 올 수 있다. 지금 나에게 신입사원 재무설계를 하라고 한다면 다음과 같이 할 것이다.

급여 : 200만 원

소비비용 : 40만 원

실손보험 : 3만 원

직접주식 : 10만 원

해외ETF : 10만 원

ELS : 100만 원

CMA : 37만 원

소비 비용은 최소한으로 잡는다. 본인 수입의 70~80%는 모아야 한다. 따라서 소비 비용은 40만 원으로 최저로 하고, 혹시 급하게 필요한 것이 있다면 CMA에 넣어둔 돈을 사용한다. 물론 소비통장과 CMA 통장은 별도로 만들어야 한다. 추가 돈이 필요할 때마다 CMA 통장에서 소비통장으로 이체를 한다. 이체하는 번거로움 때문에 한 번 더 돈을 소비하는 것에 대해 생각하게 된다. 소비를 귀찮게 하는 것이다.

보험은 실손보험으로 저렴하게 3만 원 수준으로 든다. 결혼할 때쯤 5만 원 정도 추가해서 건강보험을 들면 된다.

고위험 고수익을 위해서 월 10만 원 정도 직접 주식투자를 하되 좋은 회사를 판별하는 기준에 대해서 계속해서 공부해야 한다. 중위험 중수익을 보고 해외 ETF와 ELS에 투자한다. 해외

ETF에 투자하는 이유는 국내보다 해외 ETF의 수익률도 좋고 구조도 좋기 때문이다. ELS도 중위험 중수익이기 때문에 투자를 하는 것이다. 저위험 저수익이지만 비상시 또는 추가 투자를 위한 실탄 장전으로 CMA 투자를 하는 것이다.

주식에서 손해를 보지 않는다는 가정하에 월 197만 원을 모을 수 있다. 5년이면 9,180만 원이다. 무려 1억 원 가까운 돈이다. 처음 재무설계와 비교하면 5년 후에 5천만 원으로 투자하는 것과 1억 원으로 투자하는 것은 분명한 차이가 있다.

두 재무설계의 차이는 무엇일까? 첫 번째 재무설계는 미래에 대한 분산 투자고, 두 번째 재무설계는 5년을 위한 집중투자다. 차이가 눈에 바로 보인다. 연금저축을 파는 사람들은 싫어하겠지만, 내가 언제 회사에서 잘릴지 모르는 상황에서 20~30년씩 어떻게 연금을 넣겠는가? 사회초년생은 투자를 연습하면서 최대한 돈을 모아야 한다. 미래를 위한 분산 투자는 돈을 모으고 나서 50 이후에 해도 된다.

미래를 위해서 투자를 하는 것은 맞지만, 사회초년생은 20년 후가 아닌 5년 정도 단위로 보고 투자해야 한다. 제로섬 게임에 몰빵이 아닌 본인의 투자 기준을 만들어서 해야 한다. 사회초년생 그리고 재테크를 잘 모르는 사람이라면 5년을 위한 분산 투자를 해보기를 바란다.

4
인생은 방향이다

"인생의 목표가 무엇인가? 돈을 모아서 무엇을 하고 싶나요?

속도보다는 방향이다

부의 추월차선이라는 책이 있다. 추월차선으로 빠르게 부자가 되라는 이야기다. 저자가 1~2년 만에 부자가 되었을까? 아니다. 다양한 경험과 실패를 했지만, 추월차선이라는 방향을 몇 년간 쫓았기 때문에 부자가 된 것이다.

부모가 돈 공부를 해야 하는 이유가 여기에 있다. 본인조차도 방향을 모르면 아이들에게 어떻게 알려줄 것인가? 방향을 정하고 한 발씩 나아가는 모습을 아이들에게 보여준다면, 그것만으로도 최고의 유산이 아닐까 싶다.

나는 영어를 못했다. 대학교 필수 과목인 영어 회화에서 F를 맞고, 재수강 2번 만에 C를 받고 졸업했다. 대학교 졸업 무렵 마지막 본 토익 점수는 395점이었다. 내가 취업할 당시 공대생은 토익 점수가 없어도 되었기에 취업은 문제가 없었다.

회사에 다니다 보니 목표가 생겼다. 외국계 기업에 취업해서 연봉 1억을 받아보고 싶었다. 목표가 생겼으니 열심히 영어 회화 학원 몇 년을 다니다가 기회가 되어 미국계 회사에 취업했다. 회사 생활이 어땠을 것 같은가? 어려웠다. 영어 회화 학원의 생활영어로는 외국계 회사에서 버틸 수가 없었다.

회사에서 버티기 위해 영어 공부 방향을 정했다. 영어 원서 읽기와 영어 메일로 공부를 하기 시작했다. 회사에 다니면서 하루에 3~4시간을 영어 공부에 갈아 넣었다. 목표는 회사에서 살아남기다. 남들 5분이면 볼 메일을 30분씩 들여다봤다. 이해가 안 돼서다. 아침 7시 30분에 회사 근처 맥도날드에서 아침을 먹었다. 영어 공부를 하기 위해서다. 1년 정도 하니 메일을 5분 만에 읽게 되었고, 2년쯤 하니 대만 마케팅 담당자와 편하게 일할 수 있게 되었다. 영어 공부의 방향을 회사에서 살아남기로 정확하게 잡았기에 살아남았다. 만약 대학 입시라면 입시 영어 공부로 방향이 바뀠을 것이다.

돈 공부도 어떤 부자가 되고 싶은지에 따라서 방향이 다르다. 1억 이상의 고액 연봉으로 재테크를 하겠다면, 다른 것에 고민하지 말고 회사에 집중해야 한다. 회사를 꾸준히 다니는 것이 가장 훌륭한 재테크가 될 수 있다. 안정적인 삶을 목표로 연금에 집중하는 사람도 있다. 한 방을 노리며 주식이나 코인에 올인하거나, 경험을 위해서 다양한 투자 방법을 찾는 사람도 있다. 본인의 경험과 지식에 따라서 방향이 달라지는 것이다.

돈 공부에도 방향이 필요하다

재테크를 해야 한다는 생각에 틈틈이 강의를 찾아가서 듣는다. 처음에는 부동산이나 주식 중 어디에 투자할지 모르기에 카페에서 운영하는 무료 강의에 참여했다. 지금은 온라인 무료 특강이나 유튜브 강의가 많은데 비슷한 수준이다.

무료 강의를 듣다 보면 무언가 부족함이 느껴진다. 덕분에 고민하기 시작한다. 책으로 공부하면 되지 않을까? 무료강의를 좀 더 찾아보면 되지 않을까? 돈 공부 하는 견해에서 가성비를 따지는 것은 당연하다. 경험해 보니 유료 강의와 무료 강의는 차이가 분명히 있다. 지금 프리랜서 강사를 하면서 종종 무료 강의를 하는데, 무료 강의에 어느 정도까지 정보를 오픈할까 고민을 한다.

여러 재테크 강의를 듣다 보면 조급해진다. 나만 뒤처지는 거 아니야? 지금 당장 해야 하나? 조급함에 혹해서 투자하면 훅 가 버린다. 다들 안다. 그런데도 지르는 건 목표가 없어서다. 재테크 공부는 열심히 하되 투자는 신중하게 하라는 말이다. 급히 먹다 가 체할 수 있기 때문이다. 신중하게 하기 위해서는 공부하면서 방향을 잡아야 한다.

인생과 돈을 이야기하다 보면 돈이 인생이 전부냐고 대놓고 싫 어하는 사람도 있다. 근처에 그런 사람이 있다면 모른 척하면 된 다. 돈이 전부는 아니지만 필요조건이다. 그럼 무엇에 대한 필요 조건인가? 라고 물어보면, 사람들은 여기서 말문이 막힌다. 그래 서 인생의 목표와 방향이 필요한 것이다. 목표 없이 공부만 하고 돈만 모은다면 부자가 되기도 힘들뿐더러 행복하지도 않다. 그래 서 목표를 정하고 올바른 방향을 향해 나아가야 한다.

경제 강의를 종종 하면서 인생의 4가지 방향 정하기를 실습한 다. 20분 정도 시간을 할애하는데 완벽하게 작성하는 사람은 없 다. 당연하다. 인생 목표를 어떻게 20분 만에 작성하겠는가? 나 도 기본적인 틀은 하루 만에 만들었지만, 세부 내용을 전부 채우 는 데 3년이 걸렸다. 인생을 돌아볼 시간도 있어야 하고, 부족한 부분을 공부할 시간도 있어야 한다. 특히 돈 공부는 모르는 분야 가 많으므로 꼭 공부해야 한다. 공부도 하지 않고 생각한 방향이 올바르기를 바라는 것은 도둑놈 심보다. 우리 부부는 인생 계획표에 5년 후, 10년 후 목표가 적혀 있는데, 큰 틀은 수정하지 않고 세부 내용을 매년 조금씩 수정을 하고 있다. 매년 공부를 하기도 하고, 트렌드가 조금씩 바뀌기 때문이다. 인생의 목표와 방향을 한 번에 완벽하게 만들기는 어렵다. 공부하면서 적어보고, 수정해 가면서 몇 년을 걸쳐 작성하게 된다.

인생은 속도가 아니라 방향이다. 돈뿐만 아니라 인생 전반에 걸쳐서 방향이 중요하다. 5년 후, 10년 후의 목표를 정해서 나아가야 한다. 지금 당장 먹고살기 힘든데 무슨 10년 후냐고 이야기할 수도 있다. 지금 10년 후의 목표와 방향이 없다면, 10년 후에도 먹고 살기 힘들 수 있다. 내 아이가 10년 후에 가난한 부모 밑에서 사는 건 상상하기 싫을 것이다. 부모가 생각하고 공부해서 인생 목표, 특히 돈에 대한 목표를 명확히 정해야 한다. 그리고 나아가는 것이다. 아이들에게도 부모가 하고 있다는 것을 보여주고 알려줘야 한다. 목표를 향해 노력하는 부모의 모습이 아이들에게 미래를 바라보는 방향이 될 수 있게 말이다.

5

FM이 아니라 AM이다

"세상에 평범한 사람이 있나요?"

나는 평범한 사람입니다

TV를 보다 보면 항상 막장 드라마가 있다. 부모님도 어느 순간 마니아가 되어 계신다. 막장 드라마를 보면서 부모님이 꼭 현실을 착각하신다. 아들이 회사 다니면 연봉이 1억쯤 되는 줄 아신다. 며느리는 착하거나 못된 아이라고 생각하신다. 비현실적인 것을 보면서 빠져들지 말라고 이야기 드리는데, 꼭 부모가 아이들에게 하는 이야기 같다. 나이가 들면 아이가 된다는 것을 실감하는 요즘이다. 한참 이야기하다 보면 부모님이 결론을 내신다.

"역시 평범하게 사는 것이 최고야."

본인들이 평범하게 살지 못했고, 드라마의 세상은 막장이니 평범하게 살라고 하신다. 우리가 생각하는 평범함이란 무엇일까? 곰곰이 생각해 본다. 은연중에 끄떡이는 고정 관념이 있다.

'4년제 대학 나와서 대기업에 취업하고 결혼을 한다. 아들, 딸 둘을 나아서 행복하게 살다가 대출받아서 아파트를 산다. 빚을 갚아가면 정년퇴직해서 퇴직금으로 여유 있는 삶을 영위한다.'

많이 들어본 스토리 아닌가? 여기서 퀴즈 하나. 주변에 저렇게 사는 사람이 있나? 내 주변에 는 한 명도 없다. 그런데 꼭 부모님 친구분 중에는 많다. 신기한 일이다. 부모님 세대의 FM(Field Manual)적인 삶이다.

원리 원칙을 지키는 사람을 FM(Field Manual)이라고 한다. 야전교범이라는 뜻이다. 우리는 살면서 은연중에 교과서 같은 삶을 살라고 강요당한다. 아빠는 대기업 임원, 엄마는 가정주부, 딸과 아들이 있으면서 중형차를 몰고 다니고 아파트에 산다.

대기업 임원이 되는 것은 피라미드 구조라 상위 1%가 얻는 혜택이다. 가정주부가 쉽고 행복하다고 묘사되는데 실제 해보니 어렵다. 일 많고 티 안 나는 일이다. 이제는 아이 둘은 낳아야 한다는 이야기를 못 한다. 예전에 길 가다가 지나가는 할아버지 멱살을 잡을 뻔했다. 아이들 어렸을 때 손을 잡고 가는데 아이들이 이쁘다고 칭찬을 하면서 한마디 하셨다. "아이 셋은 낳아야지?" 그당시 육아로 완전히 지쳐서 다크써클을 끌고 다닐 때였는데, 한마디를 들으니 머리가 뜨거워지며 눈에서 레이저가 나갔다. 물론 싸울 수 없으니 무시하고 지나갔다.

지금은 엄마도 일하는 것을 당연하다고 여긴다. 맞벌이가 대세가 된 것이다. 엄마는 주부에서 돈 버는 사람이라는 직업이 하나 더 늘어난 셈이다. 슈퍼 워킹 맘이 되어 가고 있다. 예전에는 투잡을 하는 것이 신기했는데 이제는 투잡하는 사람이 많다. 나도 5가지 직업을 가지고 일하고 있다. 작가, 강사, 칼럼니스트, 주부, 투자자 이렇게 말이다. 이런 다양한 삶을 AM(Assortiment Manual)이라고 부르고 싶다. Assortiment의 뜻은 요리에서 '조합, 배합, 다양함'이라는 뜻이다. AM의 삶은 다양한 상황이 조합되어 각자의 삶을 살아간다. 삶 자체가 예전처럼 하나의 모습을 보고 가는 것이 아니라 각자 매뉴얼이 생겨서 다양하게 변해 간다.

돈 공부도 AM이다

과거를 생각해 보자. 초, 중, 고등학교 때의 목표는 대학생이 되는 거다. 경제에 대해서 고민하지 않는다. 저금통이나 통장에 조금씩 돈을 모으고 있었지만, 집이 어렵다는 이유로 부모에게 상납하거나 본인이 사고 싶은 물건이 있어서 쓰게 된다. 대학생이 될 때 보면 잔고가 없다. 대학생이 되면 삶이 활짝 필 것 같다. 실상은 등록금의 노예가 된다. 부자 부모와 살면 다르겠지만, 학자금 대출을 받아서 직장을 구하고도 한참 동안 갚는다. 대학생의 목표는 대기업 직장인이다. 대기업만 다니면 중형차를 몰고 다니면서 집도 사고 행복할 것 같다. 알다시피 유리 지갑에 사이버머니다. 돈 모으는 것이 어렵다. 직장인이 되면 목표가 부자로 변한다. 그러면서 드디어 공부를 시작한다. 서른이 넘어가면서 가정이 생기고, 아이가 생기면서 말이다.

물론 돈 공부는 언제 시작해도 늦지 않다. 10년 이상 해나가야하는 것이기 때문이다. 그런데 좀 더 먼저 시작하면 어떨까? 최소 아이들 중·고등학교 때 시작한다면 남들보다 10년은 일찍 시작하는 것이다.

현재 대한민국 경제에서 FM적인 사람은 회사를 꾸준히 다니면서 허리띠 졸라매고 저축으로 돈을 모은다. 청약통장을 이용해서 청약에 당첨이 된 후, 몇 년 지나 팔아서 차익을 실현하고, 부동산 또는 주식으로 다음 투자를 진행하는 것이다.

아이들이 10년 일찍 돈 공부를 시작한다면, 다양한 AM의 모습을 볼 수 있다. 돈을 모을 때도 용돈을 저축하는 아이도 있고, 중고 물품을 팔아서 돈을 만드는 아이도 있다. 집안일을 해서 추가 용돈을 모으기도 하고, 본인이 만든 머리핀이나 레진 아트를 파는 아이도 있다. 투자하는 방법도 저축을 이용할 수도 있고 금, 채권, 우량주식, ELS, ETF 등을 이용할 수 있을 것이다. 청약을 기대하는 것이 아니라, 적은 돈으로 투자를 해서 자산을 계속 늘려나가면서 청약이라는 우연에 기대지 않는다.

우리 아이들이 본인의 성향에 맞는 자신만의 저축과 투자 방법을 찾기 위해서는 부모가 먼저 돈 공부를 해야 한다. 아이들이 다양한 방법을 공부하고 사용하려고 하는데, 부모가 이해 안 된다고 막으면 어떻게 되겠는가? 사람의 심리라는 것이 내가 모르는 것을 상대방이 하게 되면 '저게 되겠어? 맞는 거야?' 하는 반발심리가 올라온다. 특히 부모는 아이들을 코칭하고 가이드를 해야 한다는 생각에 부모가 모르는 것을 자녀가 하면 불안해진다. 따라서 부모가 먼저 돈 공부를 해서 본인만의 AM을 만들고 자녀와 함께 경제를 알아가야 한다.

한참 재테크 공부를 할 때 고수들을 찾아다니면서 강의를 들었다. 강의를 듣고 질문하면서 고수들의 특징을 발견하게 되었다.

부동산 고수는 부동산만, 금융 고수는 금융만 투자한다. 일정 시일이 지나면 조금씩 섞이기는 하지만 본인만의 방향이 있다.

고수는 절대 투자처를 콕 찍어주지 않는다. 강의이기 때문에 대략적으로는 알려준다. 고수는 인문학부터 시작해서 다양한 분야의 공부를 한다.

고수들도 본인만의 AM을 찾기 위해서 공부하고 방향을 찾아 나간다. 고수가 아닌 사람은 최소 흉내는 내야 하지 않을까?

살면서 부모나 사회를 통해 이렇게 되라는 정답을 배운다. 하지만 삶이나 경제는 정답이 없다. 다양한 해답만이 있다. 나는 24살부터 돈 공부를 비롯한 삶에 관한 공부를 꾸준히 하고 있다. 나만의 해답을 만들기 위해서 말이다. 이제는 아이들의 미래를 위해서 지속하고 있다. 나의 모습을 보면서 우리 아이들은 나보다 빨리 AM을 만들기 바라는 마음에서 말이다.

6

은행은 우리를
부자로 만들어 주지 않는다

"얌전히 은행만 믿으면 부자가 될 수 있을까요?"

대출이자도 협상이 된다

첫 투자를 한 후 대출이자를 65만 원씩 내고 있을 때다. 대출 상품은 3년 거치 30년 상환 상품이었다. 3년 동안은 이자만 내다가 4년째부터 이자와 원리금을 갚아나가는 구조다. 보통 사람들은 3년 거치가 끝나면 다른 대출 상품으로 넘어간다. 이자만 내고 투자 물건을 유지하고 싶어서다. 정부 지원 대출 상품이라 처음 가입할 때는 대출이자가 저렴했지만, 3년이 지나면서 금리가 내려가자 일반 상품보다 이자가 비쌌다. 그 당시 주거래 은행에서 대출을 받았었기에 대출을 갈아타기 위해서 주거래 은행을 방문했다. 당연히 30년간 VIP였으니 대출이자가 저렴할 줄 알았다. 오산이었다. 5.2% 대출이자보다 더 비쌌다.

생각해 보다가 그냥 은행 콜센터에 전화를 해봤다. 주택담보대출을 받으려고 하는데 대출이자가 몇 퍼센트냐고 물어봤다. 대출 전담 부서가 있을 테니 아마 연결해 주리라 생각했다. 콜센터 직원이 잠시 버벅대더니 이야기한다.

"OO지점에서 대출을 잘 해준다는 것 같은데 연결해 드릴까요?"
"네, 그럼 연락처를 주시겠어요."
"알겠습니다. 고객님, OO 지점 연락처는 02-XXXX-XXXX입니다."

연락을 해보았다. 신기하게 대출이율이 줄었다. 5%대에서 4%대로 말이다. 확인 작업이 필요했다. 각 은행별 약 열 군데 정도를 방문했다. 지역도 회사 근처, 집 근처, 투자지역 은행까지 방문했다. 결론은 같은 은행인데도 지점마다 이율이 달라졌다.

대출이율을 알아보려면 신용조회를 해야 하고, 신용조회를 많이 하면 신용 등급이 낮아진다고 하는데, 열 번 정도 조회는 괜찮다. 은행에서 신용조회를 하지 않고 대략적인 금리를 알려주는 곳도 있다.

지금은 2~3년에 한 번 정도 대출을 받는다. 당연히 투자를 위해서다. 그때마다 두세 군데 은행을 다니면서 대출이율을 비교한다. 그리고 편한 곳에서 가서 협상한다.

"옆에 은행에서는 3%로 맞춰준다고 하는데 맞춰주실 수 있나요?"

은행원이 바삐 움직인다. 적금과 카드의 혜택도 들고 오고, 결국은 비슷하게 맞춰준다. 그냥 가만히 앉아 있으면 은행이 주는 대로 받아야 한다. 은행과 협상을 위해서는 손품, 발품을 팔아야 한다. 사전 정보가 있어야 협상이 되기 때문이다.

주거래 은행은 대출 덕분에 3년마다 바뀌었다. 처음에는 주택은행으로 시작해서 국민, 신한, 외환, 기업은행까지 장롱 밑 서랍에 버리지 않은 통장이 한가득하다.

복리이자는 스스로 만들어야 한다

경제 공부를 하면 항상 복리의 마법에 관해서 이야기한다. 복리는 진정 마법이다. 다만, 복리도 수익률이 높아야 마법이 된다. 월 100만 원씩 10년 동안 적금을 넣는다고 했을 때 2% 금리와 10% 금리를 각각 단리와 월 복리로 계산해 보았다.

금리	금리 2%		금리 10%	
구분	단리	월 복리	단리	월 복리
원금	120,000,000원	120,000,000원	120,000,000원	120,000,000원
세전 이자	12,100,000원	12,940,860원	60,500,000원	86,552,020원
세전 합계	132,100,860원	132,940,860원	180,500,000원	206,552,020원
단리, 복리 차이	840,000원		26,052,020원	

금리가 2%일 때는 복리이자가 84만 원이 많지만, 금리가 10%일 때는 복리이자가 2,600만 원이 많다. 저금리 시대에는 복리가 원하는 금액만큼 이자를 만들지 못한다. 그렇다면 복리 통장이 있기는 한가? 한동안 복리 통장이 사라졌었는데, 금리가 낮아지다 보니 은행에서 복리 통장들이 조금씩 생기고 있다. 물론 10년 단위는 아니고 1년에서 3년짜리 복리 통장이다. 일반통장보다는 조금이라도 이자가 높으니 3년 정도 목표로 저축을 한다면 월 복리 상품을 찾아서 가입하는 것도 추천한다.

수치를 보듯이 은행에 2% 복리 통장이 있다고 은행에만 돈을 넣어두면 부자가 되기 어렵다. 은행을 믿고 부자가 되는 시절이 끝났다고 보면 된다. 은행도 적금과 예금으로 고객을 잡기 어렵다고 판단하여 기존 고객에게 라임펀드같이 수수료 높은 상품을 판매한다. 본인들도 어떻게 될지 모르면서 고객에게 추천하는 것이다. 라임펀드는 2019년에 환매 중단된 사모펀드다. 결론만 이야기하면, 1조 6천억 원 이상이 환매되지 않았기에 투자자들은 투자금을 돌려받지 못하는 상황이 되었다. 시중 7개 증권사에서 판매했지만, 3개의 은행에서도 판매가 되었다. 은행에서는 실적에 급급하여 라임펀드를 팔아댔을 것이다.

재테크 시장에서 믿을 수 있는 것은 본인 자신밖에 없다. 그래서 공부해야 한다.

은행을 믿지 못하기에 이제 스스로 복리를 만들어야 한다. 개인적으로 연 수익률 10%가 넘어가면 투기라고 보고, 10% 전·후면 투자라고 판단한다. 어떤 해는 20~30% 수익률이 날 수도 있고, 어떤 해는 5%로의 수익률이 날 수 있다. 10년 기준으로 평균을 잡고 수익률을 판단한다.

연평균 10%로의 수익을 올리려면 다양하게 투자해야 한다. 예금, 주식, 적금, ELS, ETF, 부동산까지 여러 곳에 투자하고 수익이 나면 수익 난 것을 재투자한다. 투자를 반복하면 복리가 되는 것이다. 수익의 재투자가 투자에서 말하는 복리다.

처음 시작은 은행, 이후에는 다양화

처음 씨드머니를 만들 때는 은행을 이용했다. 일정 신용도가 있어야 대출할 때도 쉬우므로 은행 거래는 아쉬워도 필수다. 모은 돈으로 부동산에 투자하고 어느 정도 안정화가 되었을 때 ELS와 ETF를 통한 투자를 했다. 개별 주식투자는 선호하지 않는다. 몇 번 손해를 보고 나니 내 성향과 맞지 않다고 판단했다. 주변에 주식 고수가 있는데, 그 친구는 무조건 개별 주식투자를 한다. 이제는 조금씩 부동산 투자에 발을 들이려고 준비 중이다.

코로나 사태가 진정되어 가기에 조금씩 미국 ETF에 투자하고 있다. 어차피 ETF도 개별 주식처럼 거래가 되기 때문에 하락장에 조금씩 사 모으고 있다.

은행은 안전하게 자산을 보호해 준다는 것에 큰 의미가 있다. 돈 공부가 전혀 되어 있지 않은 상태에서 우선 씨드머니를 모을 수 있는 좋은 곳이기 때문이다. 다만, 투자로 이야기하기에는 좋지 못하다. 그래서 은행은 우리를 부자로 만들어 주지 못한다.

7

돈 공부가
부족한 사람의 생각

"돈과 부자에 대해서 어떤 생각을 하고 있나요?"

곰곰이 생각해 본다. 돈 공부가 부족할 때 어떤 생각을 했을까? 돈에 대한 그리고 부자에 대한 편견이 있었다. 돈 이야기를 하면 격이 떨어지는 것이고, 부자는 전부 나쁜 사람이라고 말이다. 지금 생각해 보면 매스컴과 정부가 돈에 대한 생각을 통제하지 않았나 싶다.

지금부터 7가지 내용에 대해서 내 생각을 이야기해 보려고 한다. 우리 아이가 경제적 자유인이 되기를 원한다면 부모 입장에서 한 번은 생각해 봐야 할 부분이다.

첫 번째, 부자에 대한 생각

이상하게 매스컴에서 부자는 나쁜 사람이라고 이야기한다. 만화영화에도 꼭 악덕 부자가 나온다. 부자는 다 나쁜 사람인가? 부자의 기준은 어떻게 되는가? 우리 주변에도 분명 부자가 있지 않을까? 그럼 부자는 누구일까?

먼저 부자의 기준을 정해야 한다. 부자의 기준은 금융자산 10억 이상을 보유한 사람이라고 보면 될 것 같다. 앞에서도 인용한 통계인 KB금융지주 경영연구소의 2020년 자료에 따르면, 우리나라에 10억 이상 금융 자산가는 35만 4천 명, 전체인구의 약 0.7%다. 생각보다 많지 않다. 물론 부동산 자산으로 10억 이상 보유한 사람은 찾을 수 있다. 워낙 전국적으로 아파트 가격이 많이 올랐기 때문이다. 기본적으로 본인이 사는 집은 자산으로 판단하면 안 된다. 자산은 순수 투자 물건이다. 똘똘한 한 채라는 말을 많이 하는데, 똘똘한 한 채 팔아서 어디로 이사를 할 것인가? 진정한 부자는 부동산과 현금을 고루 보유한 사람이다.

부자가 되고 싶다면, 조물주 위의 건물주가 되고 싶다면 부자들을 욕하면 안된다. 본인이 건물주가 된다고 생각해 봐라. 열심히 일해서 돈 벌고 투자해서 여기까지 왔는데 사람들이 안 좋은 시선으로 본다면 얼마나 억울하겠는가?

부자에 관한 생각을 바꿔야 한다. 부자가 좋다. 부자가 되고 싶다고 생각해야 한다. 남들이 뭐라고 해도 나는 부자가 된다고 생각해야 한다. 절실하게 원해도 되기 힘든 것이 부자다. 대한민국의 0.7% 안에 들어야 한다. 부자에 대한 부정적인 생각을 날려버려야 한다. 마음에 부정적인 생각이 있으면 결코 이루어질 수 없는 것이 부자의 꿈이다.

두 번째, 안정적인 월급에 대한 생각

신입사원 때 10년 차이가 나는 선배가 40살에 회사에서 잘려 나갔다. 버티려면 버틸 수 있었겠지만, 자존심 때문인지 조용히 퇴사하셨다. 친한 회사 사장님의 올해 목표가 40살이 넘은 직원들 물갈이다. 월급 대비 일을 못 한다고 판단하기 때문이다.

직장은 언제 잘릴지 모른다는 것이 너무나도 상식적인 이야기가 됐다. 안정적인 월급이 언제까지인지 알 수가 없다. 이제는 투잡도 불사해야 하는 시기다. 투자해서 수익이 나는 것도 일종의 투잡이다. 투자는 수입의 다변화 중의 하나다.

본인이 안정적인 월급을 받고 있다면, 언제까지 가능할지 주변 선배들이 모습을 통해서 가늠해 보는 것도 좋을 것 같다. 특히나 10년 단위의 경제 위기 속에서 살아남을 수 있을지도 고민해 봐야 한다. 신기하게 1998년 IMF, 2008년 금융위기, 2019년 코로

나발 경제 위기가 왔다. 10년 후에는 어떤 위기가 오더라도 과연 내 월급이 안정적일지 고민해 봐야 한다.

세 번째, 한 방에 대한 생각

아이들에게 남겨주고 싶은 습관 중 하나가 '꾸준히'다. 돈에 대해서도 마찬가지다. 올바른 방향으로 꾸준히 공부하고 투자하는 것을 알려주고 싶다. 세상에 한 방이 그렇게 많다면 우리나라에 10억 이상 부자가 전체 국민 대비 0.7%밖에 안 되겠는가? 확률이 낮은 한 방 부자보다. 그나마 확률이 높은 꾸준한 부자가 되어야 한다. 나를 포함해서 주변에 어느 정도 부를 형성한 사람들은 한 방에 부자가 되지 않았다. 꾸준히 투자하고 공부하다가 좋은 투자를 통해 일정 금액 부가 늘어나고, 재투자를 통해서 지속적인 투자 수익을 만들어 낸다. 사람들의 희망이 한 방 부자일지 모르겠지만, 확률이 너무나도 낮은 모험이다. 꾸준함을 위해 한 방을 기대하지 않는 것을 인생의 모토로 생각해야 한다.

"내 인생에 한 방은 없다."

네 번째, 돈 공부에 대한 생각

경제교육을 할 때 어떻게 해야 부자가 되냐고 물어보면 공부를 하라고, 특히 책을 좀 보라고 이야기한다. 덧붙여서 본인 집 주변을 분석해 보라고 한다. 그 자리에서는 고개를 끄떡거리지만, 다음에 만나서 물어보면 아무것도 하지 않았다.

어머니가 종종 옆 동네 이야기를 하신다. 지금 10억이 넘어가는 아파트가 20년 전에 미분양이었는데 못 샀다고 말이다. 그 당시 허허벌판이었던 곳에 홈플러스가 들어오고, 몇 년이 지나서 주변이 서서히 변해 갔다. 집값도 당연히 뛰었다. 마트 입점 효과였다. 우리 집 주변에 롯데마트가 들어왔다. 어머니가 이상한 곳으로 투자처를 알아보기에 롯데마트 근처 저평가된 물건을 찾아서 소개해 드렸다. 분명히 바로 근처에 홈플러스 입점 효과를 보고도 롯데마트 입점 효과를 과소평가하셨다. 투자를 하려면 주변을 분석하고 공부를 해야 하는데, 본인의 감으로 엉뚱한 곳에 투자하려다 손해를 볼 뻔하신 거다. 2년 후에 적정 금액을 남기고 매매를 하셨다.

돈을 벌고, 부자가 되고 싶다면 주식, 부동산, 보험 등 돈이 투자되는 무엇이든 공부해야 한다. 남의 말을 들어서 부자가 된 사람은 주변에 없다. 본인이 공부해서 투자의 기준을 세워야 한다.

어렵다면 전문가들의 유료 강의 몇 가지 들어봐라 그리고 책을 읽어라. 전부 재미없다면 주변에 투자로 성공한 사례를 연구해 봐라. 공부에 투자하지 않으면 돈을 벌지 못한다.

지금 코로나19로 어렵지만, 한때 장사로 꽤 돈을 번 형이 있다. 형은 새로 식당을 오픈하기 위해서 최소 1년 이상을 조사한다. 업종도 공부하고, 입지도 계속 찾아다닌다. 한번은 괜찮은 아이템이 있었는데, 입지 때문에 2년간 장사 터를 찾아다니기도 했다. 본인이 계속해서 입지에 관한 공부를 했기 때문이다.

세상에 공짜는 없다. 돈을 벌고 싶고, 부자가 되고 싶다면 공부, 특히 돈 공부를 해야 한다.

다섯 번째, 소득과 저축에 대한 생각

소득은 최대한 다변화해야 한다. 재테크 업계에서는 소득의 파이프라인을 다변화하라고 한다. 돈이 들어오는 길을 여러 개 만들라는 것이다. 나도 현재 소득의 파이프라인이 다양하다. 기본적인 근로소득부터 부동산, 주식 등의 투자 수익. 인세, 강의료, 블로그 수익 등이다. 물론 한 번에 수익이 다변화되지 않았다. 10년 동안 하나씩 만들어 갔다. 언제 무슨 일이 생길지 모르기 때문에 소득은 최대한 다변화해야 한다.

많은 재테크 책에서 이야기하는 저축의 중요성! 중요하다. 매월 필요한 돈을 빼놓고 강제 저축해야 한다. 저축한 돈을 빼서 쓸 것 같다는 생각이 들면 빚테크하는 것도 추천한다. 대출받아서 투자하고, 매일 혹은 매월 쓸 돈만 빼고 무조건 빚을 갚는 거다. 그럼 어쩔 수 없이 정해진 금액밖에 쓸 수 없다. 우리 부부는 빚테크를 했다. 레버리지를 이용하기 위해 돈을 빌렸고, 단돈 만 원의 여유가 있어도 빚을 갚았다. 몇 년 동안 삶이 피폐해지기는 했지만, 몇 년 지나니 덕분에 윤택해졌다.

여섯 번째, 투자 금액에 대한 생각

투자를 해야 한다고 하면 대부분이 투자할 돈이 없다고 말한다. 세상에는 한 번의 투자로 성공하는 사람은 없다. 연습이 필요하다. 단돈 10만 원 가지고도 충분히 연습을 할 수 있다. 삼성전자 주식이 7만 원이다. 사보는 거다. 은행들의 특판 적금을 찾아보면 적은 금액으로 가입 가능한 5% 이율의 상품들이 있다. 그럼 가입해 보는 거다. 월 10만 원 입금하면 12개월 후에 얼마의 이자를 받는지 해보는 거다. ELS 최소 투자 금액이 보통 100만 원이다. 100만 원이 생기면 ELS를 공부해서 가입해 본다. 최근에는 10만 원으로 낮춘 상품들도 나온다. 일련의 투자 연습들이 추후에 목돈이 생기면 어디에다 어떻게 운용할지 판단이 되는 것이다. 이런 돈들이 모여서 언젠가는 부동산에 투자하게 되는 것이고, 금이나 달러에 투자하게 된다.

투자할 돈이 없다는 말은 나는 투자하기 싫다는 말과 같다. 생각을 한번 해보길 바란다. 부자 부모가 되고만 싶고 투자를 두려워했는지 말이다.

일곱 번째, 절약에 대한 생각

초등학교 2학년이 된 아들이 돌봄을 가기 싫어한다. 4학년이 된 누나가 함께 안 간다는 이유에서다. 일하는 처지에 아이들이 돌봄에 있으면 그나마 편하다. 일하는 동안은 걱정거리가 줄기 때문이다. 안 가고 싶다는 아들에게 핸드폰을 하나 사 주기로 했다. 문제가 생기면 전화를 할 수도 있도록 하기 위해서다. 첫째 딸은 2학년 때 키즈폰을 사 줬다. 핸드폰은 공짜였는데, 15,600원씩 매달 요금을 내야 한다. 하루에 문자 하나 보내지 않는 데 말이다. 아들은 알뜰폰을 알아봤다. 매달 2,200원에 통화 100분, 문자 50건이다. 데이터도 1.5G나 준다. 아들의 첫 핸드폰이니 새것은 그렇고 깨끗한 중고를 사 주기로 했다. 10만 원이면 아이들이 쓸 만한 깨끗한 중고폰 구매가 가능하다. 할아버지 댁에 놀러 갔는데, 액정이 깨진 스마트폰이 굴러다닌다. 아들에게 할아버지 쓰던 건데 어떠냐고 물어봤다. 개인적으로는 액정이 깨진 스마트폰을 주는 게 마음이 아팠다. 아들은 흔쾌히 좋다고 한다. 깨진 액정 위에 보호 필름을 붙이고 2,200원짜리 알뜰폰 유심을 꽂아 주었다. 일하는데 아들에게 계속 전화가 온다. 쓸 만한가 보다. 몇 개월 후에 10만 원짜리 중고 폰으로 바꿔 주었다. 깨진 액정이 계속 마음에 쓰여서다.

아들이 깨진 액정 스마트폰이나 중고 물품에 거부감이 없는 것은 우리가 그렇게 살았기 때문이다. 우리 가족 물품 중에 중고가 꽤 있다. 우리도 중고로 간혹 팔기도 하고 말이다. 사람들이 물어본다. 그렇게 절약해서 뭐 하려고요? 우린 절약해서 여행을 간다. 해외도 가고 국내도 간다. 아이들이 체험할 수 있는 곳들 위주로 다닌다. 코로나19가 극성이었던 2020년에는 조용히 저축만 했다. 코로나가 잠잠해지면 또 여행 다닐 거다.

선택과 집중이 필요하다. 한정된 돈에서 하고 싶은 것을 하려면, 내가 가진 기득권 중 하나를 포기해야 한다. 신상이나 비싼 물품을 사지 않고 우리는 저축을 한다. 그 돈으로 여행도 가고 맛있는 것도 사 먹는다.

무조건 돈만 모으는 것은 저축이 아니다. 저축해서 무엇을 하려는지 목표가 있어야 한다. 우리는 빚테크를 통해 투자하고, 절약을 통해 여행을 다닌다. 쪼기만 하면 삶이 너무 힘들다. 절약의 방법과 목적. 부모라면 한 번쯤은 생각하고 아이들과 이야기해 봐야 하는 주제다.

제 4 장

우리 아이
경제교육

우 리 집 부 자 교 육

아빠,
경제가 뭐예요

"아빠, 우리 집은 부자야?"

세상은 공평하다고 믿는 편이다. 지금 행복한 사람은 나중에 힘들 수 있고, 꾸준히 행복한 집은 누군가가 행복을 유지하기 위해 죽을 똥을 싸는 것일 수 있다.

어릴 때 힘든 일 한 번쯤은 다 겪어 봤을 것이다. 우리 집도 우여곡절이 있었다. 초등학교 때 11번이 넘게 이사를 했다. 그 당시 주민등록등본에 이전 주소가 표시되었는데, 더 이상 쓸 자리가 없어서 종이 하나 덧댈 만큼 이사를 했다. 주인집과 같이 사는 한옥 같은 곳에서부터 반지하 투룸을 거쳐 비어있는 친척 집에서도 한참을 살았다. 덕분에 지금 우리 부모님은 평안하시다. 악착같은 어머니가 돈을 모으셔서 집을 사셨고, 늦게나마 아버지가 직장을 잡으셔서 월급을 가져다 주신다.

한참 이사를 할 때 어머니는 항상 짜증과 원망을 달고 사셨다. 원래 돈을 잘 버셨고 과시욕이 있으셨는데, 돈이 없으니 힘드신 거다. 내가 돈 공부를 열심히 한 이유 중 50%는 짜증내는 어머니의 목소리가 듣기 싫어서다. 돈 때문에 짜증내는 어머니에게 여쭤봤다. 우리 문제가 뭐냐고. 그러자 어머니가 한마디 하셨다.

"넌 신경 쓰지 말고 가서 공부나 해!"

몇 번 더 물어봤는데 항상 똑같은 대답이니, 어릴 때는 공부만 하면 되는 줄 알았다. 공부만 하면 무슨 일이든지 다 해결되는 줄 알았다. 결국 부모님과 돈에 관한 이야기는 은행에 저축하는 것 말고는 해본 적이 없다. 돈이 소중한 줄은 알지만 쓰는 게 두렵고, 올바르게 쓰는 방법을 모른 채 살아왔다. 돈 이야기는 경박스럽고, 돈이 없다고 이야기하는 것은 창피하고, 공부만 열심히 해도 부자가 될 수 있다는 잘못된 가치관을 가지게 되었다. 유교 사상에 젖어 있는 우리의 문화에서 보면 맞는 말이겠지만, 돈 공부하는 입장에서는 잘못된 이야기다. 돈이 없으면 없다고 이야기하고 돈을 구할 방법을 찾아야 한다. 공부만 열심히 하면 부자가 되는 것이 아니라 올바른 돈 공부를 해야 한다. 부모는 자녀가 어릴 때부터 아이들과 돈에 대해서 긍정적인 이야기를 나누어야 한다. 돈에 대한 정확하고 올바른 가치관을 가질 수 있도록 말이다.

자녀와 돈 이야기를 해야 한다

성인이 되어서 보았던 글귀 중에 가장 마음에 와닿는 것이 있다. 스노우폭스 김승호 회장의 책, 자기 경영 노트에 아들에게 주는 26가지 교훈이란 글이 있다. 그중 한 줄에 이렇게 쓰여 있다.

"5년 이상 쓸 물건이라면 너의 경제 능력 안에서 가장 좋은 것을 사거라. 결과적으로 그것이 절약하는 거다."

오랫동안 물건을 살 때 나의 기준이 되었다. 이 물건을 5년 이상 사용할 것인가, 아닌가를 결정하고 내가 쓸 수 있는 예산을 산정한다. 그중에서 가성비가 가장 좋은 것을 고른다.

우리 부모님은 내가 이런 기준을 가졌는지 모른다. 나도 우리 부모님의 돈에 대한 개념을 모른다. 서로 한 번도 대화해 본 적이 없기 때문이다.

얼마 전에 아들이 물어봤다.

"아빠, 우리 100억보다 더 많이 있어?"

"잉? 100억? 아니 그렇게는 없지."

"그럼 얼마나 있어?"

"나중에 아들이 중학생쯤 되면 이야기해 줄게."

"왜? 궁금하단 말이야."

"혹시 아들이 다른 데 가서 우리 재산 이야기하면 아빠가 좀 창피하거든."

"힝, 궁금한데."

"음, 그럼 우린 10억은 넘게 있으니까 그렇게 생각하면 될 것 같아."

"좋아. 우린 10억 넘게 있구나."

"아들만 알고 있어. 이거 우리 가족의 비밀이야."

"응."

사실 아이들에게 우리 집 재산이 얼마나 있는지 이야기하는 것이 부담스럽다. 친구들한테 가서 자랑하게 되면 주변의 시선이 부담되어서다. 하지만 아들이 물어봐서 이야기해 줬다. 어릴 때 부모와 하지 못한 돈에 대한 이야기가 생각났기 때문이다.

아이들과는 사실 재산 이야기보다 합리적인 소비에 관한 이야기를 많이 한다. 물건을 하나 사도 단번에 사지 않는다. 며칠에 걸쳐서 생각하게 한다. 마트에서 사면 만 원인데 인터넷에서 사면 7천 원이라는 것을 이해시키는 데 1년은 넘게 걸렸다. 아이들은 지금 당장 가지고 싶은데 며칠을 기다리고 싶지 않기도 하고, 만 원과 7천 원의 가치 차이를 모르기 때문이다. 아이들이 먹고, 자고, 놀고 하는 것들이 엄마, 아빠가 열심히 돈을 벌어서 누릴 수 있는 가치라는 것을 자주 이야기한다.

초등학생이 되면서 노동에 대한 가치와 돈을 버는 습관에 대해서 알려주고 있다. 집에서 하는 작은 노동을 통해서 100원씩 적립하고, 주급처럼 매주 월요일에 모아서 준다. 본인들이 사고 싶은 인형이나 장난감은 1~2달 정도 용돈을 모아서 사고 있다.

아이들이 중학생이 되면 좀 더 구체적인 돈 이야기를 하려고 한다. 학원비, 교육비에서부터 생활비까지 얼마나 비용이 소요되는지 이야기할 거다. 그로 인해 아이들이 살아가는 것이 전부 공짜가 아니라는 것을 알게 해줄 거다. 학원을 땡땡이치는 게 즐거운 것이 아니라 소중한 돈으로 다니고 있다고 생각하게 만들 거다. 궁극적으로는 아이들이 왜 공부하는지, 어떻게 공부할 건지를 스스로 선택하게 할 거다. 돈에 대한 가치를 알게 해서 좀 더 효율적으로 인생을 살아가는 법을 알게 해줄 거다.

누군가는 너무 삭막한 거 아니냐고 할 수 있다. 삭막하지 않고 당연하다고 생각하게 이끌어주는 것이 부모의 역할이다. 물론 그 와중에 숨통이 트이는 여유로움을 주는 것도 말이다.

아이와 돈 이야기를 하는 것은 부모의 치부를 드러내는 것이 아니라 아이의 미래를 바꾸는 이야기다. 돈에 대해 올바른 가치관을 갖도록 어떻게 이야기하고, 어떤 방법을 쓸지 매번 고민한다. 덕분에 나도 계속 경제 공부를 한다. 자녀와 돈 이야기를 하는 또 하나의 긍정적인 결과다.

2

결핍 아동을
만들고 싶지 않아요?

"언제 가장 열정적으로 움직이시나요?"

라떼는 부족한 것이 많았는데

초등학교 때 킹라이온이라는 5단 합체 로봇이 사고 싶었다. 지금도 변신 로봇이나 합체 로봇을 보면 살짝 설렌다. 엄마에게 이야기해 봤다. 사달라고 말이다. 당연히 혼만 났다. 돈도 없는데 쓸데없는 거 산다고 한참을 잔소리하셨다. 어린 마음에 상처를 입었다. 자존심이 상해서 용돈을 차곡차곡 모았다. 한 달에 하나씩 구매를 했다. 제일 큰 놈은 두 달 용돈을 모아서 구매했다. 결국 5개 다 모았다. 6개월 정도 걸렸던 듯싶다. 부모님이 사 주지 않으니 어떻게든 돈을 모아서 산 것이다. 사고는 싶고 아무도 사 주지 않으니 할 수 있는 최선을 다했다.

친구 집에 놀러 가니 따끈따끈한 비디오 플레이어가 있었다. 비디오 플레이어를 사면 샘플 비디오를 주는데, 친구 것은 소피 마르소 주연의 라붐이었다. 초등학생 남자 둘이 멜로영화를 보니 괜스레 서로에게 재미없다고 짜증을 냈던 기억이 난다. 그래도 라붐을 본 후부터 소피 마르소 팬이 되었다. 친구하고는 '저게 뭐야,'라고 이야기했지만, 그 당시 소피 마르소는 예뻤다.

나도 집에서 비디오가 보고 싶었다. 부모님에게 이야기했더니 혼만 났다. 2년 정도 졸랐나 보다. 웬만하면 사셨을 것 같은데, 집안 사정이 웬만하지 않았던 듯하다. 어떻게 하면 살 수 있을까 고민을 해보다가 초등학교 강제 적금이 생각났다. 6년 동안 모았던 돈인데 졸업할 때 약 30만 원 정도 되었다. 중학교에 올라가면서 부모님에게 이야기했다. 적금 만기 된 돈으로 비디오 플레이어를 사겠다고. 그때는 부모님이 포기하시고 드디어 구매했다. 그 당시 30만 원은 큰돈이지만 비디오 플레이어는 약 40만 원 정도였다. 부족하기에 부모님이 돈을 보태서 샀다.

어릴 때 밥은 먹고 살았지만 부족한 것이 많았다. 부모님도 다 해주고 싶었겠지만 여력이 안 되셨다. 사고 싶거나 가지고 싶은 것이 있다면 스스로 고민하고 방법을 찾아야 했다. 의도치 않게 돈 공부가 시작된 것이다. 사고 싶은 물건이 생기면 돈을 먼저 모아야 했다. 돈 공부가 별거인가? 원하는 것이 있다면 빚을 지는 것이 아니라 돈을 벌거나 모아서 해결하는 것이 돈 공부다.

결핍이 필요하다

아이들의 미래를 생각하면 매번 하는 고민이 있다. '나는 어릴 때 나름의 절실함이 있어서 극복하려고 노력했는데, 우리 아이들은 어떻게 살아갈까?' 부모는 아이들을 고생시키고 싶지 않다. 아이가 힘들면 가슴이 아프다. 길 가다 넘어져서 무릎이라도 깨지면 안타까움이 확 치고 올라온다. 조그마한 생채기에도 속상한데, 무언가 부족해서 힘들어한다면 가슴이 찢어질 수 있다. 절실함, 부족함 이런 단어를 아이들에게 어떻게 이해시켜야 할까?

며칠 있으면 아들 생일이다. 같이 잠을 자는데 계속 좋알댄다.

"나 생일선물로 뭐 사지? 아빠, 나 뭐 사면 좋을까?"

아들이 계속 고민하고 물어보는 이유는 필요한 것이 없어서다. 부족한 것이 없으니 사고 싶은 것을 찾지 못한다. 필요한 것이 있으면 불편하지 않게 사다 주고, 먹고 싶은 게 있으면 날 잡아서 먹으러 간다. 때 되면 수영장이나 계곡으로 놀러 다닌다. 가끔 나도 우리 아이들이 부럽다.

항상 부모가 방법을 찾아서 해결해 주었더니 생일선물로 필요한 게 없다. 사실 있다. 30~40만 원 하는 닌텐도 게임기를 사고 싶어 한다. 이건 못 사게 한다. 부모의 판단으로 초등 저학년의 학습에 좋지 않고, 가성비가 떨어지기 때문이다. 중학생쯤 되어 돈 모아서 산다고 하면, 그때는 말리지 않을 거다. 내가 비디오 플레이어를 샀던 것처럼 말이다.

예전에는 결핍이 당연히 있었는데, 이제는 부모가 억지로 만들어 주어야 한다. 결핍이 있어야 목표가 생기고 그래야 노력한다. 성인도 마찬가지다. 지금 당장 월급이 들어오고, 등 따습고 배부르니 인생에 대한 목표가 없다. 곰곰이 생각해 보면 좋겠다. 본인은 어떤 결핍이 있는지.

결핍을 만들어 줘야 한다

아들이 생일선물로 특별한 것을 받으려고 하니 사고 싶은 것을 못 찾는 거지, TV나 유튜브를 보면서 종종 사고 싶은 것이 생긴다. 그럴 때마다 바로 사 준 적이 없다. 생각을 하게 한다. 왜 이게 필요한데? 정말 필요한 거야? 돈은 어떻게 할 건데? 종이접기를 하고 싶다면 도서관에서 책을 빌린다. 조금 특별한 날은 만들기 책을 사러 중고서점에 간다. 딸은 모든 것에 흥미가 있어서 다양한 것을 사려고 한다. 소모품이기에 빌릴 수가 없다. 이런 때를 대비해서 노동을 통한 용돈 제도를 운영한다. 일주일에 3천 원 정도를 번다. 1~2만 원대의 원하는 물품은 3~4주 동안 용돈을 모아서 산다. 물론 친구 생일선물도 용돈으로 산다. 종종 나중에 용돈 받아서 줄 테니 빌려달라고 딜을 하기도 한다. 과감하게 거절한다. 결핍이 있어야 하기 때문이다. 이렇게 기다리고 돈 모아서 산 물건들은 기대감에 열정적으로 가지고 논다.

예전에는 아이들 선물을 인터넷으로 사지 못했다. 생일날 원하는 것이 있으면 당장 사달라고 찡얼대서다. 최근에는 선물 대부분을 인터넷으로 산다. 간혹 중국에서 배송이 오기도 한다. 그럴 때는 한 달씩 기다려야 하는데 아이들은 기다린다. 본인이 돈을 모아서 물건을 사기 시작하니 며칠 기다리고 돈을 아끼고 싶어 한다. 기다리는 습관을 만드는 것도 2년은 넘게 걸린 것 같다. 당장 구매하지 않고 기다리는 것, 이것도 아이들에게는 결핍이 된다.

종종 아이들과 실랑이하다 지친다. 생각을 안 하고 편하게 사주면 되는데 기다리게 하고, 돈을 모으게 하면서 결핍을 느끼게 하니, 아이들이 찡얼거리기 때문이다. 부모가 참고 꾸준히 하면 어느 순간 해결되는데 쉽지는 않다. 실랑이하고 방법을 찾아가는 것, 어찌 보면 이것이 가족이 살아가는 모습일 수도 있다. 피곤하지만 오늘도 결핍을 주기 위해 실랑이거리를 찾는다.

3
가난은 많은 것을
포기하게 한다

"가난하면 무엇이 불편해질까요?"

20년간 재테크 공부하면서 많은 명언을 들었다. 몇 가지 기억에 남는 것이 있다. 곱씹어 봐도 뼈를 때리는 말들이다.

"젊어서의 가난은 불편이지만, 늙어서의 가난은 불행이다."
"가난이 문을 열고 들어오면, 행복은 창문으로 나간다."
"태어나서 가난한 건 당신의 잘못이 아니지만, 죽을 때도 가난한 것은 당신의 잘못이다."
"잠자는 동안에도 돈이 들어오는 방법을 찾아내지 못한다면, 당신은 죽을 때까지 일해야만 한다."

YOLO(You Only Live Once)라는 말이 한동안 유행이었다. 미래보다는 현재에 집중하고, 나중보다는 지금의 즐거움을 함께한다는 말이다. 욜로를 좋아하는 사람은 싫어할 명언들이다. 지금의 시간을 투자해서 미래의 시간을 산다고 생각할 수 있기 때문이다.

잘 생각해 봐야 한다. 젊어서 고생하라는 이야기가 아니다. 젊어서 가난을 극복하라는 이야기다. 극복하기 위해서 가장 중요한 것이 무엇일까? 포기하는 것이다. 무언가 하나를 포기해야 한다. 세상에 원하는 모든 것을 할 수 없다. 선택과 집중이 필요하다.

우리 가족은 여행을 좋아한다. 가난을 극복하기 위해서 여행을 못 갔을까? 아니다. 우리는 여행을 자주 다닌다. 다만 몇 가지를 포기한다. 사치와 과소비를 안 한다. 결혼 전에 사람들과 금, 토, 일은 술과 함께였다. 결혼 이후 회사 일을 제외하면 개인적인 술자리는 1년에 3~4번 정도였다. 당연히 인간관계가 좁아졌다. 아쉽지 않다. 가족과 함께하는 시간을 벌었기 때문이다. 아이들은 학교 들어가기 전까지 학원을 보내지 않는다. 학교 입학 전 두 아이 양육비가 월 20~30만 원 수준이었다. 지금은 학교에 다니니 60~70만 원 수준으로 늘어났다. 남들은 1인당 몇백을 쓴다고 하는데 우리는 그 돈을 아껴서 여행을 다닌다.

그렇다고 현재를 즐기지 않는가? 여행에서 얻는 즐거움. 가족과 함께하는 행복함을 느낀다. 여행 이외의 돈은 재테크를 한다. 여윳돈을 만들어서 최선을 다해서 하고 있다. 돈이 불어나는 재미도 사실 쏠쏠하다.

젊어서 포기가 낫다

젊어서 가난하다면 정신적으로 그리고 체력적으로 극복할 수 있다. 가난한 삶이 50세가 넘어가면 극복이 어렵다. 체력도 안 되고 정신적으로 지친다. 슬슬 불행해지는 것이다.

젊어서는 여행을 가서 저렴한 모텔에서 자도 즐거웠다. 추억이다. 나이 들면 모텔이 불편하다. 호텔을 가고 싶다. 돈은 없는데 호텔에 가고 싶으니 여행 자체를 포기한다.

코로나 덕분에 골프가 붐이다. 골프는 비싼 운동이다. 스크린 골프만 친다면 크게 비싸지 않지만, 필드에 나가려면 골프장 이용 비용, 캐디피, 교통비, 식비 포함해서 1인당 30만 원은 깨진다. 저렴해도 20만 원은 내야 한다. 가난하면 할 수 없는 운동이다.

젊어서는 포기를 해도 불편하기만 하다. 나이 들어 돈이 없어서 하고 싶은 것을 포기하면 우울해진다.

아이들에게도 알려줘야 한다. 지금을 즐기는 것도 좋지만, 일부를 투자해서 미래를 대비하면 나이 먹어서도 행복하다는 경험을 말이다. 불행이란 단어의 의미를 분명 아이들은 모를 거다. 아이들에게 알려주고 싶지도 않다. 그렇다면 더욱더 알려줘야 한다. 어른이 되어서 가난이 문을 열고 들어오더라도 행복이 나가지 않도록 창문을 막는 방법을 알려줘야 한다. 그것이 돈 공부고 인생 공부다.

지금을 모니터링하고 포기해야 한다

아이들은 본인을 파악하는 데 서툴다. 당연하다. 주변의 누구도 알려준 적이 없기 때문이다. 어른도 익숙하지 않을 수 있다. 부자가 되고 싶다면 본인을 되돌아보는 것에 익숙해져야 한다. 자신을 파악하는 과정을 메타인지 경제교육에서 모니터링이라고 한다. 과거의 경험과 현재 나의 상태를 파악해서 지금 할 수 있는 것과 못하는 것을 정확하게 인지하는 것이다.

모니터링을 통해서 집중할 것과 포기할 것을 파악해야 한다. 모든 것을 다 들고 갈 수는 없다. 돈, 명예, 권력 셋 중 두 가지를 탐하면 패가망신한다는 말이 있다. 하지만 셋 중의 하나라도 정점에 오르면 다른 것은 비슷하게 따라온다.

돈 공부 측면에서 모니터링을 바라보면 세 가지를 기본적으로 생각해 봐야 한다.

어떤 성격을 가졌는지
현재 얼마의 자본을 가졌는지
돈으로 하고 싶은 목표가 무엇인지

성격에 따라서 투자의 방법이 달라진다. 대범하고 기다릴 줄 알면 주식을 해도 좋다. 성격이 급한 사람은 부동산을 해야 한다. 겁이 많은 사람은 저축과 ELS 등 저위험이나 중위험 상품들을 선택해야 한다. 성격이 급한 사람이 주식을 해야 한다고 생각할 수 있다. 주식이 부동산보다 빨리 성과가 나오니까 말이다. 하지만 뭐든지 급하면 망한다. 그래서 성격이 급한 사람은 주식을 포기하는 것이 좋다. 내 성격에 맞는 것에 집중하는 것이다.

아이들은 매년 3~4번 정도 은행에 저축하러 간다. 세뱃돈도 있고 간혹 받은 용돈이 있어서다. 아이들에게 통장에 얼마가 있는지 매번 확인시켜 준다. 본인 돈이기에 자산을 알고 있으라는 의미다. 성인은 특히 자산과 부채를 정확하게 파악해야 한다. 그래야 투자금과 투자 방향을 정할 수 있기 때문이다.

가장 중요한 것은 목표다. 가난을 벗어나는 것도 목표고, 집을 사고 싶은 것도 목표다. 행복한 가정을 만드는 평생의 목표도 있다. 무작정 돈을 모으는 것은 돈에 매몰되는 것이다. 돈은 목표를 향해 가는 발판으로 삼아야 한다.

지금의 가난은 충분히 이겨낼 수 있지만, 나이 들어 가난은 힘들다. 지금 조금은 포기하고 그 돈으로 투자를 해야 한다. 투자 전에 성격, 자본, 목표를 꾸준히 모니터링해야 한다. 나에게 맞는 방향으로 나아가야 좀 더 빨리 부자가 될 수 있다.

4

유대인의
돈 공부법

"경제 공부 언제부터 실천하실 건가요?"

하브루타를 공부하면서 유대인을 조사했다. 하면 할수록 얄미우면서 배울 것이 많은 민족이라는 생각이 든다. 유대인과 거래해 본 사람들의 공통된 의견이 다시는 유대인과 거래하고 싶지 않다는 것이다. 깐깐하고 얄밉다고 소리 높인다. 돈은 최소한으로 쓰면서 최대한의 이득을 보려 하는데, 상식적으로 감당하기 힘들다는 것이다. 상대하는 사람은 힘들지만 유대인들은 당연해 한다. 어릴 때부터 받아온 여러 교육과 돈에 관한 공부를 통해서 습관화된 것이다. 얄밉기에 절대 손해를 안 보려고 하는 모습은 배우고 싶지 않지만, 그 과정까지 올라간 돈에 관한 공부를 정리해서 우리 아이들에게 전달해 주고 싶다. 배울 것은 배워야 한다.

유대인의 돈에 대한 조기교육

유대인은 자녀가 태어나면 보험증권, 적금통장, 증권통장을 만든다. 태어날 때부터 분산 투자에 대해서 익히게 하는 것이다. 앞에서 분산 투자에 대해서 비판을 했지만, 태어나면서부터 하는 분산 투자는 다르다. 20년 후에 자산 가치가 얼마나 변해 있을지 모른다. 20년 동안 모아 놓은 돈으로 사업을 하거나 투자할 수도 있다.

우리 아이들이 태어날 때 계약자를 아내로 하여 손해보험에 가입했다. 혹시 모를 사고에 대비하기 위해서다. 유대인의 보험은 다르다. 종신보험을 통한 상속의 개념이다. 우리나라 부자들도 종종 하는 방법이다. 계약자가 부모가 아닌 자녀가 되는 것이다. 이스라엘은 상속세가 없어서 가능한 방법이기도 하다. 우리나라도 미성년자에게 10년마다 2천만 원씩 증여가 가능하다. 최근에 부모들이 아이가 태어나면 자녀 이름으로 증권계좌를 만들고 2천만 원을 증여한 후에 주식 거래를 하는 경우가 있다. 자녀가 소득이 있는 상태에서 계약자를 본인으로 하고 부모의 종신 보험금을 내주면 부모 사망 시 상속세 없이 종신 보험금을 수령 할 수 있다.

유대인은 자녀에게 공짜로 돈을 주지 않는다. 자녀가 다섯 살 정도 되면 돈에 대해서 개념을 알려주고 노동을 하게 한다. 간단한 집안일을 하게 하는데, 노동을 통해서 돈 버는 방법을 알려주는 것이다. 또한 종종 부모의 일터에 데리고 간다. 일터에서 일하는 것을 구경하게도 하고, 작은 일을 할 수 있도록 해준다. 그러면서 돈을 버는 현실에 대해서 알게 하고, 부모가 얼마나 힘들게 돈을 버는지 이해하게 한다.

이건 유대인뿐만 아니라 미국에서도 하는 행사다. 매년 4월 넷째 주 목요일에 'Bing your kid to work day'라고 해서 아이들에게 부모의 직장을 탐방하게 하는 것이다. 1992년 뉴욕시에서 시작했는데, 이제는 미국 전역에서 시행한다고 한다. 물론 자율이라 하지 않는 곳도 있지만, 자유롭게 자녀를 데리고 와서 회사를 소개하고, 부모가 하는 일을 알려주는 건 꽤 부러운 일이다.

얼마 전 아는 분도 회사에 자녀를 데리고 와서 소개하는 행사를 했다고 한다. 본인도, 아이들도 뿌듯한 하루였단다. 우리나라도 조금씩 문화가 친 가족주의로 바뀌는 듯하다.

유대인의 성인식

우리나라는 만19세에 성년의 날이라고 해서 조촐하게 성인식을 한다. 다른 나라들도 비슷하지만 유대인은 다르다. 유대인 여성은 12세에 성인식을 하고, 남성은 13세에 성인식을 한다. 중학교 1학년 정도에 성인식을 하는 것이다. 처음 이야기를 들었을 때는 어린아이들이 무엇을 안다고 하는 반발감이 들었지만, 과정을 듣고 나서는 역시 유대인이란 생각을 했다.

유대인의 성인식에 여러 가지 의미가 있지만, 돈 공부 측면에서 가장 큰 의미가 있다.

성인식에 일가친척들이 축하금을 준다. 그 금액이 수만 달러에서 수십만 달러까지다. 최소 천만 원 이상이란 이야기다. 축하금을 받고 나서 자녀와 부모가 돈에 대해서 심도 있는 대화를 한다. 축하금과 함께 어릴 적부터 모아둔 돈을 합하면 상당한 금액이 쌓이기 때문이다. 물론 아이 손에는 돈을 쥐어주지 않는다. 목표를 정하고 목표를 이루기 위해서 돈이 필요할 때 돈을 쥐어준다.

태어날 때부터 시작하는 돈 공부를 통해서 유대인의 자녀는 돈을 긍정적으로 바라보게 된다. 우리나라는 예전부터 돈에 대해서 이야기하는 것을 천박하게 여겼다. 이제는 조금씩 문화가 바뀌고 있지만, 여전히 돈 있는 사람에 대한 시기심과 거부감은 남아 있다.

베푸는 삶

유대인 집에는 쩨다카 통이 있다. 용돈의 일부를 저축해서 기부하는 통이다. 기부를 통해서 공의를 실현하는 것을 어릴 때부터 습관화한다. 연말에 기부하는데, 엄마를 위해서 기부하기도 한다. 가장 힘들었을 소중한 사람을 위한다는 의미다.

유대인은 성인이 되어서도 기부를 계속한다. 목표는 어려운 사람을 돕는 것이 아니라 어려운 사람이 직업을 가지게 하는 것이 목적이다. 현재가 아닌 사람의 미래에 대한 기부다.

우리나라는 기부에 대한 문화도 부족하지만, 기부금 사용에 대한 비리도 자주 터지니, 기부에 대해 거부감을 느끼는 사람들이 꽤 있다. 기부에 대한 정부의 기준도 모호하다. 백범 김구 선생님의 자손이 항일 투쟁의 역사를 알려달라고 미국, 대만 등의 대학에 42억 원을 기부했는데, 27억 원이라는 세금폭탄을 맞았다. 현행법상 공익법인에 기부하지 않았다는 이유에서다. 기부에 대한 문화가 좀 더 활성화된다면, 우리 아이들이 자신만 보는 것이 아닌 세상을 더욱 넓게 볼 것 같은데 아쉬운 부분이다.

우리만의 방법이 필요하다

미국 100대 기업 CEO의 40%가 유대인이고, 세계 억만장자의 30%가 유대인이라고 한다. 유대인의 돈 공부는 어릴 때부터 습관으로 만들어져 있는 것이다. 성인이 되어서 돈 공부를 했다면 이런 수치가 나오기 어렵다.

유대인만큼의 돈 공부를 하지 못하겠지만, 좋은 것을 배워서 우리 아이들에게 알려주려고 노력 중이다. 앞에서 이야기했지만, 아이들에게 지속해서 알려주고 습관을 만들어 주고 있다. 돈은 공짜가 아니므로 집안일 등의 노동을 통해서 얻는 연습이나, 물건을 사려면 세 번 이상 생각을 하게 한다. 부모의 힘을 빌려서 사야 하는 것도 한 번에 허락하지 않고 부모와 협상을 통해서 구매한다. 나중에 사춘기가 되면 치사해서 아르바이트한다고 하지 않을까 하는 생각도 하는데, 그것도 나름대로 좋다고 생각한다. 초등학교 입학 이후에는 용돈 받은 돈 일부를 무조건 은행에 저축해서 다음에 큰돈이 필요할 때 쓸 수 있도록 아이들과 이야기하고 있다.

중요한 것은 실천이다. 돈 공부가 중요하다고 아무리 이야기해도 실천하지 않으면 안 된다. 이 책을 포함해서 여러 가지 책을 읽어 보고 아이들을 위해서 각 가정에 맞는 돈 공부를 했으면 한다. 나도 아이들이 자라면서 계속해서 방법을 찾고 공부하고 있다. 우리 아이들에게 올바른 경제 습관을 만들어 주기 위해서 말이다.

5

부자들은
노동을 가르친다

"우리 아이는 얼마나 많은 노동을 하고 있나요?"

우리나라 국민 대다수가 아는 탈무드 명언이 있다. '물고기를 잡아주는 것이 아니라 잡는 방법을 가르쳐 줘라!' 자수성가 부자는 당연히 물고기를 잡아서 부자가 되었을 것이다. 그럼 재벌 2세들은 어떨까? 재벌들은 자녀의 경제교육을 어떻게 하고 있을까?

부자들의 경제교육

마이크로 소프트 설립자인 빌 게이츠가 2007년 캐나다에 방문해서 인터뷰를 했었다. 앵커가 물어본다.

"미국 최고의 갑부는 자녀에게 용돈을 얼마나 주는지 알아볼까요? 빌, 아이들에게 용돈을 얼마나 주나요?"

"매주 1달러씩 용돈을 주고 있습니다. 대신, 아이들에게 스스로 용돈을 버는 길을 열어 놓고 있습니다. 예를 들면, 집안일을 도와주면 용돈을 더 주고 있지요."

당시 큰딸 제니퍼가 만 15세였다. 우리나라 중학교 3학년에게 주당 1달러는 너무한 금액이다. 물론 노동을 통해서 추가적인 수입을 가져갈 수 있다. 기본급 플러스 인센티브 개념을 어릴 때부터 알려준 것이다.

워런 버핏의 아들 피터 버핏이 쓴 책 '워런 버핏의 위대한 유산'이란 책에 이런 글이 있다.

'2006년 6월, 아버지가 재산 대부분을 기부하겠다고 발표하자 전 세계의 신문 1면을 장식했다. 헤드라인을 장식한 기부 숫자는 370억 달러로, 전부 빌 & 멜린다 게이츠 재단에 기부될 계획이었다. 내가 소식을 듣자마자 처음으로 한 일은 아버지께 전화를 걸어 진정 아버지를 자랑스럽게 여긴다고 말씀드리는 것이었다. 그것이 머리에 떠오른 유일한 말이었다.'

만약 당신의 부모가 전 재산을 기부하겠다고 하면 어떤 생각이 들까? 아깝다며 안 된다고 이야기를 할까? 절반만 기부하고 나머지는 남겨주시면 안 되겠냐고 협상에 들어갈까? 워런 버핏은 자녀에게 기부하는 아버지가 자랑스럽다고 이야기할 만큼 스스로 일어날 수 있는 돈 공부를 시킨 거다.

샘 무어 월튼은 세계 최대의 유통 기업 월마트의 창업자다. 월튼은 아이들 용돈 교육을 엄격하게 한 거로도 유명하다. 그는 자서전에 이런 말을 남겼다.

'나는 아이들도 그저 돈을 쓰는 사람이 아니라 가계에 조금이라도 보탬을 줄 수 있어야 한다는 사실을 어릴 때부터 배웠다. 1달러를 벌기 위해 얼마나 힘들게 일해야 하는지를 나는 10살이 되기 전에 깨달았다.'

현재 월마트의 회장은 큰아들 롭슨 월튼이다. 그는 어린 시절, 학교가 끝나면 아버지 가게에서 박스 나르기, 바닥 청소하기, 타일 깔기 등의 온갖 궂은일을 해야만 했다고 한다. 용돈은 당연히 일한 만큼만 받았다. 샘 무어 월튼도 노동의 중요성, 그리고 세상에 공짜는 없다는 기본적인 이론을 아이들에게 알려준 것이다.

예전 회사의 여자 팀장님이 회사를 그만두고 아버지 사업 하나를 물려받았다. 그때 팀장님이 딸에게 "엄마, 회사 그만둘 거야."라고 말했는데 딸의 말에 당황했다고 한다.

"그럼 나 학원은 어떻게 해. 배울 거 많은데."

딸의 과외와 학원비로 월 약 400만 원 정도 쓴다고 했다. 그때 내 월급이 400만 원이 안 되었는데 기분이 요상했다. 팀장님은 아버지가 중소 기업체 3개를 운영하는 기업가라 태어날 때부터 돈에 여유가 있었다고 한다.

우리나라의 작은 부자와 세계의 큰 부자가 오버랩된다.

물고기를 잡는 다른 의미

물고기를 잡는 법을 가르치는 것은 미래를 살아가는 힘을 주려는 것이 첫 번째 이유다. 사실 이 안에 두 번째 이유도 있다. 부모가 함께 물고기를 잡으면서 생기는 추억이다. 부모에게 경제를 배운 아이는 부모의 경제 관념을 거울처럼 배우면서 추억 또한 가슴 한 켠에 저장되는 것이다.

우리 아이들이 초등학교에 들어가면서 1주에 1~2천 원의 용돈을 주었다. 1학년 1,000원, 2학년 1,500원. 500원 단위로 금액을 올려서 주었다. 1년 정도가 지났을 무렵 고민하기 시작했다. 무료로 돈을 주는 것이 정상인가? 세뱃돈도 최소 세배라는 노동을 해야 받을 수 있는 것인데 아무런 노력 없이 돈을 주는 것에 대한 의구심이 생겼다.

한참 생각 후 아이들에게 이야기했다. 앞으로 용돈은 너희들이 노동을 해야 얻을 수 있다고 말이다. 너무 어려우면 잘못할 수 있으니 간단하게 항목을 정했다.

항목	금액
자고 일어나서 이불 개기, 블라인드 올리기, 구르기 10번	100원
식사 차림 돕고, 밥 먹고 식기 싱크대에 가져가서 물 붓기	100원
빨래 개고, 옷장에 넣기	100원
집안 걸레질 & 먼지 닦기	100원
저녁 9시 전에 스스로 집 안 정리하기	100원
분리배출 함께 하기	100원
체크리스트 적고 체크하기	100원

아이들이 노동을 통해 1주일에 약 3천 원 정도의 용돈을 받는다. 그 과정에서 부모와 대화하고 협상한다. 불합리한 항목이 있으면 토론을 통해 바꾼다. 가끔 막내가 누나보다 용돈이 적다고 억울해서 울기도 한다. 이런 과정들을 통해서 아이들이 최소한

노동의 중요성, 특히 돈은 공짜로 얻는 것이 아니라는 것을 배워 간다. 그리고 부모와 함께했던 추억도 켠켠이 쌓여 간다.

나중에 아이들이 컸을 때 "아빠랑 함께한 돈 공부로 부자가 되는 기반을 잡았습니다."라고 이야기하면 정말 행복하겠다.

6

말 습관이 미래다

"아이들과 대화에 긍정적인 말을 많이 하나요?"

나는 비판적인 사람이다. 그래서 주변에 사람이 적다. 아무리 옳은 말이라도 안 좋은 말을 많이하면 사람이 모이지 않는다. 서른이 넘어서야 말 습관을 바꾸려는 것을 시작했다. 지금도 계속 노력 중이다. 말 습관의 중요성을 경험으로 배우고 있기 때문이다.

돈 공부에서도 마찬가지다. 돈에 대해서 비판적인 관점만을 가지게 되면 돈이 모이지 않는다. 돈이 도망간다. 돈은 비판적이되 객관적으로 바라봐야 한다. 이런 것이 돈에 대한 메타인지라고 볼 수 있다. 돈의 정확한 정체와 상태를 바라보는 것이다. 객관적으로 바라보면 돈은 미래의 행복을 위해 필요한 것이라고 인식하게 된다. 필요한 것이니 긍정적으로 바라봐야 한다. 꼭 필요한 물품인데 부정적으로 바라보면 좋은 것도 싫어진다.

긍정적으로 바라보기 위해서는 말 습관이 중요하다. 말 한마디로 천 냥 빚을 갚는다는 속담을 되새기며 현재 말 습관에 대해서 검토하고 수정해 나가고 있다.

말 습관의 대물림

내가 어릴 때 어머니는 항상 힘들다, 죽겠다, 돈 없다는 말을 입에 달고 사셨다. 경제 공부를 20년 넘게 한 내가 객관적으로 볼 때는 잘 살고 계시는데 듣다 보면 짜증이 난다. 현재는 먹고 사시는 데는 문제가 없는 데도 부정의 말과 긍정의 말이 계속 왔다갔다하신다. 주변에 부자들 이야기를 들으면 돈을 벌고 싶은 욕심에 속이 터지시고, 주변에 어려운 사람을 보시면 본인이 잘살고 있구나 하고 안도하셔서 그런 듯하다.

많은 사람이 주변과 비교를 하면서 살아가지만, 중요한 것은 본인의 행복감이다. 자존감이 높은 사람은 주변과 비교를 하지 않으니 행복하다고 느끼지만, 자존감이 낮더라도 말 습관으로 분명 행복감을 높일 수 있다.

어머니 같은 경우에는 먹고사는 문제가 없지만, 행복감이 떨어지신다. 항상 남과 비교하면서 나는 가난하다고 말하고 사셨기 때문이다. 항상 다른 사람의 기분을 떨어트리는 말 습관을 지니셨다. 아마 내가 비판적인 말을 하는 것은 이런 부모의 모습을 배워서 그랬을 것이다. 그래서 더욱 조심 중이다. 아이들에게 나의 비판적인 말 습관이 넘어가지 않도록 말이다.

말 습관만 바꿔도 주변에 사람이 모이고, 적은 돈이 있어도 행복할 수 있다. 물론 말에는 힘이 있기 때문에 돈을 끌어당기기도 한다.

아이들에게 부자들의 말 습관을 알려 줘야 한다

최근에 아이들과 가족회의를 했다. 딸아이의 상냥하지 않은 말 습관과 아들의 괴물 같은 언어 습관 때문에 서로 싸웠기 때문이다. 가족회의를 하면서 아빠인 나는 조용히 반성했다. 나의 장난스러운 말투나 무심한 말투를 아이들이 흉내 내는 게 보이기 때문이다. 가족회의 후에 속으로 나도 말투를 좀 더 다듬어야겠다는 다짐을 해봤다.

이렇듯 부모의 말 습관이 은연중 아이들에게 스며든다. 우리 가족이 부자로 살고 싶다면 나의 말 습관을 파악해 봐야 한다. 그리고 부자의 말 습관도 비교해 봐야 한다. 부모가 부자의 말 습관을 하면 아이들의 미래가 바뀔 수 있다. 습관의 힘은 처음에는 별거 아닌 것 같지만 시간이 지나면 점차 부풀어 오른다.

가난한 사람의 말 습관	부자의 말 습관
어휴, 난 못해!	한번 해보고 고민할게요
OOO 때문에 걱정이야.	잘될 겁니다.
여유가 없네요.	시간을 내보겠습니다.
나도 그건 다 알아.	당신의 생각을 알고 싶어요
내 말이 맞다니까!	그 방식도 괜찮아 보이는데요.
경기가 안 좋아!	경기가 안 좋으니 기회네!
정치가 이 모양이니 경제가 엉망이지!	정책 방향을 파악해서 투자하면 돼요
바빠서 시간이 없네.	바쁘긴 한데 시간을 만들어보죠.
부자 놈들이 문제야.	기업가 중에 존경하는 분이 있어.
이거 천 원밖에 안 해.	이거 천 원보다 값어치가 큰 거야!
재 왜 맨날 저런데?	무슨 이유가 있을 거야.
누구 때문에 내가 이 모양이야.	문제를 잘 살펴봐야겠어.

부자들은 못 해, 싫어, 안 해 같은 부정적인 말을 쓰지 않는다. 생각해 봐라 매번 만나면 힘들다고 이야기하는 사람을 자주 만날 것 같은가? 부자들은 습관적으로 '한번 해볼까요? 괜찮아요.' 같이 긍정적인 말을 한다. 상대방을 비방하거나 정치를 비난하지 않는다. 상대방을 비방할 시간에 내 문제를 파악하고, 정치를 비난할 시간에 바뀐 정책에 따른 투자 방향을 수정한다.

바쁘다고 하지만 언제든지 사람 만나는 시간을 만든다. 항상 여유가 있는 모습이다. 돈과 부자에 대해서 긍정적이다. 적은 돈도 소중히 생각한다. 단돈 100원도 소중히 생각하고 돈에 의미를 부여한다.

평상시에 어떤 말을 쓰느냐가 미래를 바꾼다. 말 습관에 따라서 학교에서도 잘 지내고, 사회에 나가서도 잘 적응할 수 있다. 말은 습관에 좌우된다.

얼마 전에 친한 선생님이 한 가지 질문을 하셨다.

"엄청난 스트레스를 받을 때 어떻게 행동하세요?"

순간 움찔했다. 엄청난 스트레스를 받으면 먼저 성질부터 내고 차근차근 문제를 해결하기 때문이다. 말 습관도 있는데, 평상시에 잘못된 습관도 있다는 것을 느꼈다. 부자가 되려면 행동도 바꿔야겠다는 생각이 든다. 성질을 내는 순간 돈뿐만 아니라 주변의 많은 것이 멀어지기 때문이다.

습관이라는 것은 어려움에 직면하면 참으려고 해도 불쑥 튀어나온다. 아이들에게 언제든지 긍정적 말이 튀어나오도록 하는 말 습관을 교육 중이다. 먼저 아빠인 나부터 계속 고쳐야 하겠지만 말이다. 이런 습관에 대한 노력이 분명 행복한 가정을 만들 것이고, 아이들을 미래의 부자로 이끌 것이다. 말 습관이라는 것은 부자의 최소 조건이기에, 아이들을 위해서 오늘도 연습한다.

7

해답이 되는 돈 공부

"왜 경제 공부나 돈 공부를 하나요?"

돈 공부를 하는 목적이 무엇일까? 공부해서 인생의 정답을 찾는 것일까? 아니다. 해답을 찾는 것이다. 정답과 해답은 차이가 크다. 정답은 수학처럼 정확한 하나의 답이다. 해답은 밥 먹는 방법처럼 해결하는 방법이다. 밥 먹을 때 수저와 젓가락을 사용하는 사람이 있는 반면에 인도 사람처럼 손을 이용하는 사람도 있다. 가끔 나는 젓가락만 가지고 밥을 먹기도 한다. 해답이란 이런 것이다. 여러 가지 해결할 수 있는 답변이다.

아이들과 함께하는 돈 공부에 정답은 더욱이 없다. 우리 사회가 어떻게 변하고, 아이의 미래가 얼마만큼 변할지 모르기 때문이다. 최근 분위기에 맞게 주식을 알려주었는데, 아이가 성인이 돼서 부동산 경기가 훨씬 좋을지도 모른다. 지금은 안정적인 대기업 회사원이 좋을지 모르지만, 미래에는 기술을 가진 엔지니어가 득세일 수 있다.

미래는 예측이 불가능하다

우리는 항상 미래에 대해서 궁금해한다. 그래서 예측해 본다. 예측에 관한 책도 많다. 예전에는 큰 의미가 있었다. 최소한 10년은 많이 바뀌지 않았기 때문이다.

PC 통신 천리안을 기억하는가? 천리안은 1986년 처음으로 서울 아시안게임을 위한 외국인 관광 정보 제공으로 시작을 했다. 이후 1994년에 웹브라우저를 이용한 나우누리 서비스가 있었다. 텍스트 환경의 채팅창을 보다가 그래픽 환경의 화면은 신세계였다. 이후 다양한 서비스들이 있었는데, 대중에게 가장 인기가 있었던 것은 1999년에 싸이월드다. 그 당시 네이버 서비스도 있었지만, 싸이월드의 인기에는 미치지 못했다. 다음, 야후, 라이코스 등이 있었으나 지금은 누가 뭐래도 네이버가 압승이다. 30년 동안에 발생한 일들이다.

제대로 된 스마트폰은 애플이 아이폰을 출시하면서부터다. 2007년 애플이 아이폰 1세대를 출시하고 나서 5년도 안 되어서 생태계가 변화되었다. 기존의 텍스트 핸드폰들이 그래픽이 가미된 핸드폰으로 변경된 것이다. 2008년 우리나라 스마트폰 보급률이 0.9%였는데, 2012년에는 67%를 넘어섰다.

포털 사이트와 스마트폰을 비교해 보면 발전의 속도 차이를 알 수 있다. 30년 전에는 변화가 느렸다. 그만큼 사회의 기반도 부족했다. 지금은 기술 발전의 인프라가 차고 넘친다. 무엇이 얼마나 빨리 발전될지 모른다. 지금은 빅데이터, 전기차, AI가 미래 먹거리 기술로 인식되는데, 신기술이 어떻게 이용되고 얼마나 빨리 발전할지, 또 어떤 것이 새로 나올지 예측한다는 것은 쉽지 않다.

사회가 빠르게 바뀐다는데, 미래를 위해 돈 공부는 어떻게 해야 할까? 정답이 없다. 정답을 알고 있는 사람이 있다면 현재 세계 최고의 부자가 되어 있을 것이다.

해답 찾는 연습을 해야 한다

아이들과 함께 돈 공부를 하는 목적은 해답을 찾는 것이다. 내가 부동산으로 부자가 되었다고 아이들도 부동산으로 부자가 될 수 있다는 장담을 아무도 못한다. 해답을 찾는 습관을 익히게 해 주어야 한다.

부모와 돈에 관한 대화를 하면서 긍정적인 마인드를 심어 주고, 책과 미디어를 통해서 투자의 개념을 익혀야 한다. 중·고등학생이 되면 그동안 모아온 돈을 가지고 직접투자를 실천한다. 도전하면서 실패해 보고, 성공해 보는 과정을 겪어야 한다. 경험을 통해서 본인의 투자 성향과 방향을 파악하고 관련 공부를 계속해 나간다. 이 모든 것들이 몸에 습관으로 배어야 한다. 그러면서 본인의 해답을 계속 찾아가는 것이다.

해답을 찾기 위해서 부모는 자녀에게 항상 물어봐야 한다. '왜?'라는 말을 자주 써야 한다. 부모가 정답을 주는 순간, 아이들은 해답을 찾으려고 노력하지 않는다. 자녀가 과자를 하나 먹고 싶다고 하면 물어봐야 한다. 왜 과자가 먹고 싶어? 과자 먹고 밥은 잘 먹을 수 있을까? 지금 과자 먹으면 오후에는 안 먹을 건가? 하루에 과자를 얼마나 먹으면 좋을까? 등등 모든 것에 의미를 부여하고 항상 생각하는 연습을 시켜 주어야 한다.

돈에 대해서도 마찬가지다. 이걸 사고 싶으면 돈은 어떻게 구할까? 용돈 받은 것을 어떻게 할까? 저축과 마음대로 돈을 쓰는 것에 대한 비율은 어떻게 할까? 이 물건이 꼭 필요한 것일까?

이 모든 질문을 통해 아이들의 메타인지가 향상된다. 필요한 것이 무언지, 왜 필요한지 알고 소비를 하게 된다. 소비를 위한 돈을 어떻게 모을 것이며, 얼마나 효율적으로 쓸지에 대해서 생각하게 된다.

우리 딸은 하고 싶은 것도 많고 가지고 싶은 것도 많다. 종종 딸을 위해서 인터넷 쇼핑을 한다. 처음 인터넷 쇼핑을 할 때는 설득하느라고 힘들었다. 지금 당장 놀고 싶은데 2~3일 기다려야 물건이 온다니 아이로서는 이해하기 어려웠을 것이다. 용돈을 주기 시작하면서 필요한 물건은 본인 돈으로 구매하게 하였다. 그러자 이 문제는 해결되었다. 그래도 괴로운 것은 있다. 물건을 사자마자 배송이 올 때까지 하루에도 수십 번 물어본다. "언제 와?" 가끔 중국에서 해외 배송도 시키는데, 1~2달 걸리는 것도 이제 기다릴 줄 안다. 본인이 기다리면 돈을 절약할 수 있다고 경험을 통해 배운 것이다.

이제 아들도 시작이다. 규칙을 지키는 것을 잘하는 아들에게는 돈 쓰는 규칙을 함께 만들고 있다. 물론 효율적으로 돈을 쓰는 방법도 같이 이야기한다. 어느 순간 아들이 물어본다. "아빠, 배송비 포함하면 얼마야?" 이제 돈에 대한 개념을 잘 알아가는 듯하다.

아이들과 함께 돈 그리고 인생에 대해서 해답을 찾는 걸 연습하는 중이다. 아빠인 나는 지금 경제적 자유인을 향해 바르게 걸어가고 있지만, 아이들의 미래는 어떻게 될지 모르기에 함께 연습하는 중이다. 덕분에 나는 개념적으로 더욱 탄탄해지고 있다.

아이들이 해답을 찾아가면서 경제에 대한 메타인지가 상승이 된다면, 아빠가 해줄 수 있는 최고의 인생 살아가는 방법이라고 생각한다. 경제에 대한 메타인지가 꼬리에 꼬리를 물어 분명 인생 전체의 메타인지 상승에도 지대한 영향을 미칠 거다. 돈 공부를 통한 경제 공부, 그리고 그것들의 상승작용을 통해서 아이들이 행복하게 살 수 있다면 더는 바랄 것이 없다.

제 5 장

돈 공부,
무엇을 해야 할까요?

우 리 집 부 자 교 육

부자가 되는
세 가지 방법

"어떻게 하면 부자가 될 수 있을까요?"

궁상을 떨어라

아내가 점퍼를 하나 사 줬다. 두껍지 않아서 이른 겨울에도 괜찮을 것 같다. 좀 추워지면 따뜻한 것 사달라고 하니, 우선 입고 다니다가 고민하라고 한다. 입어보지도 않고 추울 거라고 지레짐작했다. 실제로 입어보니 한겨울에 밖으로 다니지 않으니 괜찮다.

점퍼를 입고 거울을 보니 입고 있는 옷이 보인다.

– 점퍼: 10,000원

- 티셔츠 : 3,000원
- 바지 : 10,000원

매번 만 원이 넘지 않는 옷들만 입고 다녀서 궁상이라고 생각했는데, 습관이 되니 별 감흥이 없다. 궁상떨어서 모은 돈으로 맛있는 거 먹거나 여행을 갈 수 있다는 희망이 있어서인가 보다. 최근 궁상떨다가 힘들었던 것들이 생각난다.

- 버스비 아까워서 3킬로 정도 걷다가 허리가 아파서 한의원을 갔다.
- 운동복 바지 저렴한 거 사려고 2개월을 찾다가 결국 시즌 끝나고 하나 샀다. 만 원 아끼려고 1년 지나서 옷을 입게 되었다.
- 일반버스보다 마을버스가 싸서 강추위에 10분 이상 기다리다 감기 걸릴 뻔했다.
- 사이다 먹고 싶어서 편의점 갔다가, 마트 갔다가, 결국 편의점 다시 가서 샀다. 편의점 통신사 할인이 마트보다 쌌다.
- 커피 한 잔 사 먹고 싶은데 A 커피점은 2,500원, B 커피점은 2,800원이라서 어떤 거 먹을지 30분을 고민하다가 결국 집에 가서 커피믹스 마셨다.
- 신발이 찢어져서 새 신발을 사려고 싼 거 찾다가 만 원짜리 하나 샀는데 며칠 신고 버렸다. 쿠션이 없어서 발이 아파

26,900원 주고 다시 신발을 샀다.

궁상떤 것을 쓸 때는 기분이 담담했는데 쓰고 나니까 왜인지 울컥한다. 그래도 궁상을 통해서 돈을 아꼈으니 남는 장사다.

저축하고 벌어라

돈을 모으라고 하면 인터넷 댓글에 이런 글이 많다.

"월급이 120만 원인데 어떻게 모아요?"
"일이나 구해 주고 그런 소리 하세요."

헬조선, n포세대란 말은 이제 익숙하다. 지옥이나 포기란 말을 들으면 저축하고 싶지 않다. 실제로 삶이 힘들기는 하지만, 옆에서 힘들다고 자꾸 이야기하면 더 힘들어진다. 언론은 자극적인 것을 중요시한다. 그러기에 우리나라는 살기 힘든 곳이라고 계속 이야기한다. 언론에 휘둘리지 말아야 한다.
아프니까 청춘이라고 이야기하고 싶지 않다. 팔랑귀를 휘날리며 오늘도 다른 사람들과 함께 불평불만을 이야기하지 말고 실속을 차려야 한다.

만약 월급이 120만 원밖에 안되면 어떻게 해야 할까? 만약 지방 사람인데 서울에 살고 있고 월급 120만 원이다. 그럼 지방에 내려가서 일자리를 찾아야 한다. 왜냐하면 숙박비, 식비가 어마무시하다. 저축을 할 수 없다.

만약 내가 주거비 걱정 없이 월급 120만 원이면 두 가지를 할 것이다.

1. 투잡을 뛴다.
2. 하루에 만 원으로 살기 운동한다.

최대한 수입을 늘리고 지출을 줄인다는 말이다. 친구와 애인은 어떻게 만나냐고 물어볼 수 있다. 이런 나를 이해하는 친구와 애인만 만날 거다. 나를 이해하지 못하는 사람을 만나는 것 자체가 사치일 수 있다. 시원섭섭하게도 자연적으로 진정한 친구만 주위에 남게 된다.

하루에 만 원 살기를 하면서 월 90만 원씩 3년만 모으면 3천만 원이다. 초기 투자금으로 나쁘지 않다. 3천만 원 가지고는 투자를 하고, 계속 저축을 하다 보면 3년 후에 또 새로운 곳에 투자할 수 있다. 투자한 것을 정리하면 자산이 늘어나 있고 늘어난 자산으로 또 투자하는 거다. 돈은 산수와 같이 1+1=2로 불어나는 것이 아니라 투자를 하면 1+1=3 이상으로 불어난다. 10년간 9천만 원 원금을 투자했다면, 은행 이자 기준으로는 수익이 천만 원도 안 날 수 있다. 그런데 은행과 함께 다양한 곳에 꾸준히 투자했다면, 원금이 2억이 될 수도 있다는 이야기다. 이런 걸 스노우볼 효과라고 한다.

요즘은 물가도 많이 올라 하루 만 원 살기가 쉽지 않다. 10년 동안 하루 만 원 살기 하라는 것이 아니다. 1년 정도 바싹한 후 월급도 오르고 자산도 모였으면 한 달 50만 원 생활하기 등으로 변경하는 거다.

모든 기준은 부모님 댁에서 기생한다는 가정이다. 부모님께는 죄송하지만, 투자에 대한 계획을 공유하면 기특하다고 하실 거다. 가끔 맛있는 것도 사드리고 용돈도 드리면 더욱 좋아하실 거다. 1년에 천만 원씩 모으는데 집주인 분(부모님)에게 100만 원 정도는 투자하는 것이 맞다.

공부해라

세상에 공짜는 없다. 공부해야 한다. 재테크의 달인, 학자, 의사, 선생님, 회사원 어떤 직업이든 버티려면 공부해야 한다.

돈을 벌려면 누군가에게 들었던 이야기로 투자를 하면 안 된다. 예를 들면, 지금 읽고 있는 책에 나왔던 이야기로 투자하면 안 된다. 책에서는 투자의 아이디어를 발견해야 한다. 발견한 것을 가지고 다시 조사하면서 유튜브, 전문가의 강의를 듣고 발품을 팔아서 나만의 기준을 만들어야 한다. 그러고 나서 투자하는 것이다.

무료 강의만 찾아서는 안 된다. 필요한 강의는 유료 강의에도 과감하게 시간과 돈을 투자해야 한다. 무료 강의는 무료만큼의 퀄리티를 가지고 있다. 나도 강사를 하고 있지만, 무료 강의를 하게 되면 핵심 내용 1~2개는 뺀다. 그래야 다음에 유료 강의에 써먹을 수 있기 때문이다.

부자 사전(위즈덤하우스, 허영만)이란 책에 이런 말이 있다.

"누구나 부자는 될 수 있다. 하지만 철학이 없으면 돈을 지킬 수 없다."

돈을 모으는 공부와 돈을 지키는 마음공부 둘 다 중요하다. 로또 맞은 사람 중에 불행한 사람이 많다고 한다. 마음공부, 즉 철학이 없어서다.

부자가 되는 방법 실천하기는 분명히 힘들다

궁상을 떨고, 일하고, 저축하고, 공부하는 것은 누구나 아는 기초다. 그런데도 실제로 하려면 분명히 힘들다. 남들에게 자랑도

하고 싶고, 돈을 벌었으니 쓰고도 싶다. 나도 10년간 다양한 문제가 생겼었다.

- 우울증
- 투자한 것에 대한 조급함
- 남들보다 뒤처지는 것 같은 열등감
- 갑자기 돈이 생기면 나오는 지름신
- 찌질한 모습에서 오는 좌절감

부자가 되기 위해서 겪는 과정이라고 생각한다. 우울증은 주기적으로 오고, 남들이 코인으로 몇천만 원 벌었다고 하면 아직도 조급함이 생긴다. 그럴 때마다 생각한다. '나는 지금 하는 대로만 하면 부자가 될 수 있다.' 나에 대해 확신을 하고 나를 바라본다. 부자가 되는 세 가지 방법, 특히 공부를 10년 이상 하다 보니 나에게 힘이 생겼다.

큰 부자는 아무나 될 수 없지만, 노년에 먹고사는 데 문제없을 정도의 부자는 누구나 될 수 있다. 10년만 꾸준히 하자. 30~40대에 시작해도 괜찮다. 100세 인생이니 60~70년을 더 살아야 한다. 10년은 투자할 만한 기간이다.

2
부자가 되기 위한
생각 바꾸기

"세상에서 가장 힘든 사람은 누구일까요?"

세 명의 친구가 등산을 한다. 한 명은 힘들다고 입구에서 놀다가 집으로 가고, 두 번째 친구는 중간에 약수터까지 올라갔다가 집으로 간다. 마지막 한 친구만이 정상에 올라갔다가 내려온다.

세 명의 친구 중 누가 가장 행복할까? 행복이란 단어로 상황을 한번 보자.

정상에 올라간 사람은 "올라오는 동안 힘들었지만, 완주하니까 뿌듯하고 좋구먼."이라고 이야기할 거다. 중간에 약수터까지 간 사람은 "물맛도 좋고, 몸도 건강해진 것 같구먼."이라고 이야기할 거고, 산 입구까지만 간 친구는 "오랜만에 공기 좋은 곳에서 산책하니 즐겁구먼."이라고 말을 할 거다.

그럼 질문을 바꾸면 누가 가장 불행할까? 행복했다는 것이 아니라 불행했다는 것으로 상황을 바꿔서 생각해 보자.

정상에 오른 사람은 "아씨, 너무 힘들게 올라왔네, 언제 내려가."라고 할 거다. 중간까지 간 사람은 "아, 더 올라갈까? 말까? 아, 고민되네. 짜증나!" 입구까지만 간 사람은 "난 원래 체력도 안 되고 못 올라가. 아, 우울해."라고 이야기할 수 있다.

마음먹기에 따라서 현재 상황이 행복할 수도 있고 불행할 수도 있다. 같은 상황인 데도 생각하는 기준에 따라서 결과가 달라진다. 등산 이야기를 경제에 자주 응용한다. 돈이 조금 있어도 행복한 사람이 있고, 돈이 많아도 불행한 사람이 있다. 모두 생각에서 기인한 것이다.

나는 회사를 10번 이상 이직을 했다. 매번 이직의 이유가 있었지만, 가장 큰 이유는 돈도 많이 주고 복지도 좋은 직장이 부러워서다. 이직하면 첫 한 달은 즐겁다. 회사 분위기를 익히고 새로운 업무가 신기하기도 하다. 그러다 두 달쯤 되면서 현실을 직시하게 된다. 새로운 업무에 적응하기 힘들고, 회사에서 점점 업무를 잘하라는 압박이 내려온다. 그때부터 고민하게 된다. 구관이 명관이네, 이직을 괜히 했나? 다른 회사로 다시 이직해야 하나? 내 업무가 적절한 업무인가? 계속 여러 가지를 비교하게 된다. 그러다가 스트레스도 받고 우울해하기도 하다가 시간이 지나면 적응하면서 살아간다.

잘하기 위해서 이직한 건데 조금만 힘들어도 나쁜 점을 보는 것이다. 여기서 더 잘해야지 하는 생각보다 이 자리가 내 자리인지를 고민하는 것이다. 재테크에서도 마찬가지다. 세상을 탓하고 정부를 탓하다 보면 부자가 되기 어렵다. 생각을 바꿔서 어떻게 하면 지금 정책을 잘 이용할지 고민을 해야 한다. 이해가 안 되는 정책이 있다면 싸워나가기도 하지만, 싸움에 졌을 때 백업플랜도 가지고 있어야 한다.

부자가 되기 위해서는 생각을 바꿔야 한다. 궁상떨고, 저축하고, 공부하는 것도 중요하지만, 생각을 바꾸지 않으면 꾸준히 하기 어렵다.

생각 바꾸기 첫 번째, 부자를 부러워해라

나는 결코 대인배가 아니다. 남들과 나를 비교하다가 부러워하기도 하고, 짜증도 내고, 화도 낸다. 총각 때 친한 준재벌 집 자제의 결혼식 갔다가 밥만 먹고 인사도 안 하고 나온 적이 있다. 나는 결혼도 못 했는데, 누구는 백수로 지내다가 초호화 결혼식을 하는 모습에 우울했다. 우리 부모님도 부자였으면 좋았겠는데, 하는 생각도 깊은 곳에서 올라왔다. 그대로 친구에게 연락해서 포장마차에서 한풀이를 하며 소주 한 잔을 했다. 금수저에 대한 열등감이었다.

'부러우면 지는 거다.'라는 말이 있다. 나는 말을 바꾸고 싶다. '부러워만 하면 지는 거다.'라고 말이다. 만약 준재벌의 결혼식을 보고 나서 우울해만 했다면, 결코 지금처럼 살고 있지 못했을 거다. 소주 한 잔하면서 생각을 정리해 봤다. 내가 준재벌만큼 부자가 되진 못하겠지만, 나중에 당당히 인사도 하고 사진도 찍을 만큼은 부자가 되고 싶다고 말이다.

부자가 되기 위한 생각 바꾸기 첫 번째는 부자를 부러워해야 한다는 것이다. 그리고 그런 부자가 되려고 움직이는 거다. 움직이려면 생각하는 거다. '부럽네. 그럼 나도 해봐야지'라고 말이다.

주변에 부러운 사람들이 있다. 그럼 그 사람처럼 되고 싶다고 생각하고 움직이면 된다. 부자에 국한된 이야기가 아니다. 인성 좋은 사람, 모범적인 아빠, 운동 잘하는 사람 등 부러운 사람이 있으면 부러워하고 어떻게 하면 닮을 수 있을까를 생각하고 행동하는 것이다.

본인의 투자 철학이 정확하지 않다면 마음에 드는 고수를 관찰하고, 따라 하고, 생각하다 보면 어느 순간 본인의 철학이 생기고 부자의 길에 서 있는 본인을 볼 수 있을 것이다.

생각 바꾸기 두 번째, 소비의 기준을 바꿔야 한다

나는 영업 사원이었다. 양복을 교복처럼 입고 다녔다. 처음 양복은 부모님이 거금 50만 원을 투자해 주셨다. 아들의 첫 출근이니 투자를 하신 거다. 영업 사원은 양복이 4벌 정도는 필요하다. 여름 양복 2벌, 봄, 가을 양복 2벌. 특히 여름 양복은 바지가 땀에 절어 많이 헤지기에 1년에 한 벌 정도는 새로 구매한다. 만약 50만 원짜리 4벌이라면 200만 원이 들고, 매년 50~100만 원을 옷값에 쓰는 거다. 교복처럼 입고 다니는 영업 사원이니 그 정도는 당연히 투자할 수 있다. 실제로도 신입사원 때는 비슷하게 돈이 들어갔다.

몇 년이 지나서 사회에 적응하고 나서는 양복 구매에 10만 원 전후로 돈을 썼다. 인터넷을 통해 한 벌에 8만 원짜리도 구매할 수 있어서 잘 입고 다녔다. 오프라인 매장에서는 비 메이커 양복을 구매했다. 10만 원 정도면 입을 만한 거 산다. 품질도 생각보다 크게 차이가 없다.

옷 가격이나 메이커를 보면서 "쟤, 좀 찌질한 것 같아."라고 하는 사람도 있었을 거다. 가끔 그런 시선도 받았다. 그래도 당당했다. 왜냐하면 이 돈 아껴서 하고 싶은 것을 하기 때문이다. 재테크와 여행이다.

좋은 옷 입고, 비싼 거 먹고, 친구들이랑 여행 다니면 재테크를 하지 못한다. 포기할 것은 포기해야 한다. 나는 좋은 옷과 비싼 음식, 잦은 술자리를 버렸다. 덕분에 친구도 많이 줄었다. 남자다 보니 술자리가 줄면 친구도 줄어든다. 그리고 자산 증식과 여행을 선택했다.

버리기 힘든 기준 하나만 선택하고 다 버려야 한다. 어떤 사람은 먹는 것을 포기 못할 것이고, 누구는 옷을 포기 못할 거다. 선택은 본인이 하는 거다. 하나만 남기고 다 포기하는 것으로 소비의 기준을 바꿔야 한다.

생각 바꾸기 세 번째, 꾸준히 걸어가기

인생의 여러 모토 중에 투자하면서 항상 내뱉는 말이 있다.

"내 인생에 대박은 없다."

나는 연 수익이 10%가 넘으면 투기라고 생각한다. 가끔 넘기도 하지만, 장기 투자하는 과정에서 넘어가는 거지, 단기 투자에서 넘은 적은 거의 없다. 지속적으로 수익이 나고, 그 수익을 계속 투자하니 복리가 되면서 자산이 늘어난 거다. 중요한 것은 꾸준한 투자를 통한 수익이다.

단기 투자를 통해서 자산이 급격히 늘어났다면 체했을지도 모른다. 급히 먹은 음식이 체하듯이 급히 먹은 돈도 체한다.

마음이 체했던 경험이 있다. 통장에 천만 원만 있어도 부자가 된 기분을 느꼈었는데, 부동산을 팔고 억 단위의 돈이 들어온 적이 있다. 순간 무서웠다. 돈이 많은 데 어쩔 줄 모른다는 것은 돈을 담을 마음 그릇이 작은 거다. 돈을 바로 아내 통장으로 이체했다. 아내는 나보다 마음 그릇이 크다. 몇 개월간 마음공부를 했다. 투자의 기본에 관한 책을 읽고, 자존감을 올리는 연습을 한 거다. 어느 순간이 되니 마음 그릇이 탄탄해졌다는 느낌이 왔다. 돈에 대해서 담담한 마음이 들자 다시 아내와 함께 투자를 시작했다.

탄탄한 마음 그릇을 만들기에는 꾸준함이 최고다. 도자기를 급하게 만들면 가마에서 굽다가 깨져 버린다. 부자가 되는 길이 1~2년 안에 다가오지 않는다. 5~6년 정도 꾸준히 하다 보면 마음도 탄탄해지고, 부자가 되는 길도 조금씩 보일 거다. 10년쯤 되면 부자의 길에 한 발쯤 걸치게 된다. 인생의 대박을 바라지 말고 꾸준히 걸어가면 탄탄한 마음 그릇과 함께 부자의 길을 발견할 수 있다.

3

메타인지 경제교육으로
함정에서 벗어나자

"물건을 살 때 왜? 라는 고민을 하시나요?"

마케팅의 함정

마트에 장을 보러 가니 초코파이 1+1행사를 한다. 마침 다음 날이 아이들 소풍이라 구매하려고 집어 들었는데, 단가를 확인해 보고 당황스러웠다. 1+1박스 초코파이의 단가는 10g에 85원이고, 1개로 구성된 박스의 단가는 83원이었다. 담당자의 실수라는 생각이 든다. 아마도 1+1 행사를 하면서 1개로 구성된 박스의 단가를 올렸어야 하는데 올리지 못한 것이리라. 단가를 보고 1개짜리 박스를 구매했다. 발견하지 못했다면 나도 모르게 마케팅의 함정에 빠졌을 것이다.

아는 분이 암보험 TV 광고를 보다가 갑자기 걱정되어서 보험 회사에 연락을 했다. 한참 상담하다가 월 50만 원 납입하는 종신보험에 가입했다고 한다. 본인이 혹시 죽으면 아이가 걱정 없이 살게 하고 싶다는 것이다. 취지는 이해했으나, 최근에는 종신보험에 가입하지 않는 추세다. 정기보험을 통해 정해진 기간 사망보험금 보장을 받는다. 상속세 때문에 종신보험에 가입하는 사람들의 경우 계약자와 수익자는 자녀가 되고, 피보험자는 부모가 되어야 한다. 광고에 혹해서 연락했다가 큰 금액에 가입한 것이다. 보험을 손보자고 살짝 이야기했지만, 씨알도 먹히지 않는다. 이미 마케팅의 함정에 빠져 있기 때문이다.

주변에 보험에 대한 광고가 넘쳐난다. TV를 보는 중에도 혹하고 튀어나오고, 어디 신용카드 회사랑 연합했다는 전화가 온다. 종종 아는 사람이 보험에 가입해 달라는 부탁 전화가 오곤 한다. 그럴 때마다 쉽게 가입하면 안된다. 지인이 중요한 것이 아니고 나의 이득을 판단해야 한다. 우리는 인터넷으로 만 원짜리 물건 사면서 천 원 싸게 사려고 배송비와 할인율을 고민하면서 구매한다. 월 3만 원짜리 보험은 3만 원짜리가 아니다. 30년 납이면 360회 납입하는 것이니, 천만 원이 넘는 보험인 거다. 여기서 천 원만 절약해도 36만 원이고, 만 원만 절약해도 360만 원이 절약된다. 물론 보험을 돈으로 결정하는 것은 아니다. 금액 대비 최대한 보장해 주는 보험에 가입해야 한다. 보험사 직원은 절대 이런 보험을 알려주지 않는다. 본인 수당 높은 보험을 추천한다. 따라서 보험도 공부하고 비교해서 가입해야 한다.

할인율의 함정

빵을 좋아하는 아이들을 위해 미니 오븐을 사기로 했다. 인터넷 검색을 해보니 비슷한 성능의 제품인 9만 원과 7만 원짜리가 있었다. 원래 판매가격을 확인해 보니 9만 원짜리는 18만 원이었고, 7만 원짜리는 10만 원이었다. 어떤 제품을 구매해야 하는 것인가?

메타인지 측면에서는 원가를 확인하는 것이 아니라 내가 필요한 기능이 무엇이 있고, AS나 제품의 품질을 보고 결정한다. 그러나 대부분 사람은 18만 원짜리를 50% 할인하는 9만 원짜리 제품을 구매하게 된다. 원래 가격이 비싼 제품은 비싼 값을 한다고 판단하는 것이다. 그래서 업체들이 처음부터 소비자가를 비싸게 책정하기도 한다.

최근에 아이들이 포켓몬에 빠져서 인형을 사고 싶다고 졸랐다. 인터넷에서는 만 원에서 2만 5천 원 정도를 하는데, 당근 마켓이라는 중고시장 앱에서는 천 원에서 3천 원 사이면 구매할 수 있다. 인터넷에서 사는 것은 비싸니, 아이들 등쌀에 왕복 1시간 거리를 여러 번 다니면서 인형을 구매했다. 인형 비용보다 교통비가 더 많이 들었고, 피곤해서 아이들에게 짜증도 냈다.

만 원짜리를 2천 원에 판다고 하니, 80% 할인이라 왕복 1시간 거리를 다녀왔다. 그런데 만약 100만 원짜리를 8천 원 할인하여 99만 2천 원에 판매한다고 하면, 왕복 1시간 거리를 다녀올까? 할인율이 1%로도 되지 않기 때문에 일반적으로 포기한다. 인형을 구매한 상식이라면 무조건 가야 한다. 같은 8천 원이니까 말이다.

물건을 구매할 때 팩트를 봐야 한다. 내가 필요한 것이 무엇인가? 몇 퍼센트 할인이 아닌, 가격이 얼마인지를 보는 것이다. 기업들은 소비자의 심리를 마케팅에 이용한다. 우리는 알면서도 함정에 빠진다. 할인율이 아닌, 내가 원하는 팩트를 보는 습관을 길러야 한다. 팩트를 보는 연습이 경제적 메타인지를 상승시킨다.

함정에서 벗어나자

미국 유머에 이런 말이 있다.

"A man will pay \$2 for a \$1 item he wants. A woman will pay \$1 for a \$2 item that she doesn't want."

"남자는 원하는 1달러짜리 물건을 2달러에 사고. 여자는 필요

없는 2달러짜리를 1달러에 사 온다.”

소비자는 필요한 물건을 저렴하게 사는 것이 중요하다. 기업은 필요 없는 물건도 필요하다고 착각하게 만드는 것이 중요하다. 개인과 기업의 관점이 다르기에 소비자는 기업이 착각하게 만드는 함정에서 벗어나야 한다. 항상 질문을 해야 한다. 왜 이 물건을 사지? 왜 이 돈을 지불해야 하지? 마케팅에서 가장 잘하는 것은 고객이 고민하지 않도록 만드는 것이다. 왜라는 질문을 하지 못하도록 해야 쉽게 물건을 구매하기 때문이다. 사람이 필요 없는 2달러짜리를 사는 것은 마케팅의 함정에 빠졌기 때문이다. 함정을 벗어나기 위해서는 왜라는 질문을 3번 이상 해야 한다.

아이들이 사고 싶은 것이 있다고 했을 때 한 번에 사 준 적이 없다. 물론 본인 용돈을 모아서 사는 것에 대해서는 제재하지 않는다. 용돈 이외에 필요한 것이 있다고 한다면 왜라는 질문을 하고 하루 지나서 다시 물어본다.

“아빠, 나 자물쇠 달린 일기장 사고 싶어.”
“왜? 그게 사고 싶어?”
“누가 내 일기 보지 않았으면 좋겠어.”
“오. 좋은 생각인데. 그럼 돈은 용돈으로 할 거야?”

"아빠가 사 주면 안 돼?"

"그럼, 내일 다시 한번 이야기해 보자. 아빠도 괜찮은 것이 있는지 알아볼게."

"힝, 지금 사고 싶은데."

"아빠 돈으로 사는 거니까 잘 알아보고 좋은 거 저렴하게 사야지."

"알았어."

결국 1주일 정도 지나서 일기장을 사 주었다. 딸아이는 지금 일기장을 아주 소중하게 사용하고 있다.

메타인지 경제교육이란 이런 것이다. 항상 왜 필요한지, 어떻게 사야 하는지, 언제 사야 하는지를 고민하게 하는 것이다. 저축이나 투자를 할 때도 마찬가지다. 왜 저축하는지, 얼마나 투자할 건지. 어디에 투자할 건지. 수익률은 얼마나 나올 건지 끊임없이 고민하고 생각하게 하는 것이 메타인지 경제교육이다.

이렇듯 여러 가지 함정에서 벗어나기 위해서는 항상 '왜'를 물어봐야 한다. 아이들에게도 끊임없이 가르쳐야 한다. 처음에는 어렵지만, 습관이 되면 항상 '왜'와 '어떻게'를 생각할 것이다. 메타인지와 함께하는 경제적 습관이 여러 함정에서 벗어나는 비법이다.

4

메타인지에서 바라보는
돈 모으는 세 가지 착각

"부자가 되는 방법 중에 쉽고 빠른 것이 무엇일까요?"

일상생활에서는 마케팅이나 할인율의 함정만 벗어나도 합리적인 경제생활이 가능하다. 내 돈 쓰는 것이니 내가 컨트롤하는 것이 가능하다. 수입을 만들 때는 본인이 컨트롤하기 어렵다. 그런데 나는 다 조절할 수 있다고 하면서 세 가지 착각에 빠지는 사람들이 많다.

세 가지 착각 중 첫 번째는 빨리 돈을 벌고 싶다는 생각, 두 번째는 쉽게 돈을 벌어야 한다는 생각, 세 번째는 실패를 통해 배우기 싫다는 생각이다.

돈을 빨리 벌고 싶어요

누구나 돈을 빨리 벌고 싶어 한다. 빨리 버는 돈은 양날의 검이다. 빨리 새어나갈 수 있기 때문이다. 빨리 버는 것이 중요한 것이 아니고 탄탄하게 버는 것이 중요하다.

스타트업 회사들이 망하는 가장 큰 이유 중의 하나가 시기상조다. 너무 빨리 많은 자본을 투자받거나, 너무 빨리 많은 돈을 쓰는 것이다. 내가 감당할 수 없을 만큼 빠른 속도로 돈을 벌게 되면 그만큼 새어나가는 것도 빠르다.

어린 나이에 연예계에 데뷔하여 바짝 인기를 끌었던 연예인이 있었다. 톱 배우가 되자 1억이 넘는 해외여행은 기본에 고양이 6마리 양육비로 몇백만 원씩 소비했다. 시간이 지나 점점 인기가 시들해지는 데 소비는 그대로였다. 결국 개인 파산의 첫발인 개인회생 절차에 들어갔다. 연예인이니 다시 인기가 생기면 빚을 갚을 것이고, 아니면 오랫동안 빚에 시달릴 것이다.

너무 빠르게 성공하면 튜브에 바람을 강제로 넣다가 어디선가 '뻥'하고 터지듯이 문제가 생긴다. 관리하는 법을 배우지 못했기 때문이다.

돈을 쉽게 벌고 싶어요

사람들은 어려운 일을 싫어한다. 쉬운 길이 있다면 굳이 어려운 길을 갈 필요가 없다고 생각한다. 어려운 길은 과연 필요가 없는 것일까? 파레토의 법칙을 알 것이다. 8:2 법칙이라고 더 잘 알려져 있다. 인생을 살다 보니 잘 맞는다. 현대사회는 상위 20%가 부의 80%를 가지고 있다. 리처드 리브스가 쓴 책 '20 vs 80의 사회'를 보면, 1979년에서 2013년 사이에 미국 상위 20% 가구의 소득 총합은 4조 달러 늘었는데, 하위 80%는 3조 달러 정도 늘었다고 한다. 부가 상위 20%로 더 많이 흘러간다는 것이다. 여기서 중요한 것은 하위 80% 중 일부는 어느 순간 상위 20%에 속하기도 한다. 자수성가한 부자가 분명히 생긴다. 신흥 부자들은 남들과 다른 길을 걸었다. 신흥 부자들은 남들이 투자를 두려워할 때 투자를 했고, 사업을 시작하기 무서울 때 발을 내디뎠다. 남들이 불편해하는 것을 찾아서 여러 번의 실패 끝에 성공했다.

여전히 미디어에서는 대박 이야기를 많이 다룬다. 하지만 그 대박으로 들어가 보면 고된 노력이 깔려 있다. 쉬운 방법으로 부자가 된다면, 하위 80%의 사람들이 생기지 않을 것이다. 모두가 부자가 되었을 테니 말이다.

아이들과 돈 공부를 할 때도 어렵게 해야 한다. 신용카드를 주고 물건을 사라고 하지 말고, 현금을 주고 물건을 사라고 해야 한다. 신용카드는 본인이 계산하지 않아도 된다. 직원이 알아서 계산해 준다. 현금으로 사게 되면 내가 산 물건이 얼마이고, 얼마를 거슬러야 하는지 계산을 해야 한다. 돈을 가지고 다니다가 흘릴까 봐 지갑도 챙겨야 한다. 잔돈이 생기면 보관할 통도 필요하다. 계산하기 어렵고 보관하기 귀찮다. 하지만 계속 괴롭혀야 한다. 그래야 돈에 대한 감각이 생긴다.

실패하고 싶지 않아요

대부분은 실패를 두려워한다. 사실 싫어한다는 것이 맞다. 실패란 단어를 들으면 인생을 절망에 빠뜨리는 모습이 상상되기 때문이다. 실패에는 작은 실패도 있고 큰 실패도 있다. 실패란 단어를 너무 크게 보지 말았으면 한다. 큰 의미의 실패만 보니 실패가 두려운 거다. 작은 실패도 실패로 인식해야 한다.

주식을 해서 패가망신하는 것만이 실패가 아니다. 100만 원을 투자해서 10만 원을 잃은 것도 실패다. 이익을 보지 못했기 때문이다. 작은 실패를 통해서 내가 무슨 잘못을 했는지 파악하고 다음에도 투자할 건지, 투자할 거면 어떻게 할 건지 생각해 봐야 한다. 그런데 일반적으로 100만 원을 투자해서 10만 원을 잃었다면, 그냥 운이 나빴다고 하면서 지나간다. 경제적 메타인지 향상을 위해서는 그냥 넘어가면 안된다. 생각하고 또다시 도전해 가면서 실패를 줄여나가야 한다. 처음부터 성공한 사람은 많지 않다.

최근에 집값이 많이 오르니 집을 사도 되냐고 물어보는 사람도 많아졌다. 전문가들에게 물어보면 기준은 하나다. 현재 집이 없고, 장기 거주로 살아야 한다면 바로 사라. 투자로 집을 사려고 한다면, 공부해서 알아서 사라고 이야기한다. 나도 똑같은 이야기를 한다. 문제는 내가 투자를 공부하는 20년 동안 똑같은 이야기를 했다는 거다. 2002년도에 첫 투자를 했을 때 '나는 이 집에서 오랫동안 살 거야.'라고 생각하고 집을 구매했다. 아쉽게도 2년밖에 살지 못했지만, 그 투자 이후로 다른 투자도 경험에 따라서 편하게 할 수 있었다. 오랜 재테크 공부와 경험에 비추어서 집을 사야 하는지 물어보는 사람에게 동일하게 이야기를 했는데, 집을 구매한 사람이 별로 없다. 그리고 매년 똑같은 질문을 한다. 그래서 나도 똑같은 대답을 한다. 과거에 집을 사려고 했지만 비싸서 집을 못 샀는데, 그 집 가격이 상승해서 또 못 사고 있다. 앞으로는 모르겠지만 과거 20년간 반복된 이야기다.

공부하고 분석해야 한다. 만 원짜리 물건을 사려고 인터넷으로 쇼핑할 때 가격 비교, 가성비를 비교하듯이 공부해야 한다. 내가 두 번째 부동산 투자를 할 때는 공부한 것을 바탕으로 최대한의 분석을 했다. 구매할 동네의 인구 증감, 개발 호재, 옆 동네와의 가격 비교, 정책의 방향, 향후 예상 상승 금액 등 여러 가지 측면에서 분석했다. 물론 이렇게 분석하고 투자해도 실패한다. 투자한 자산의 가치가 떨어지는 것만이 실패가 아니다. 오르지 않아도 실패다. 그럼 다음에는 실패했던 원인을 찾아서 다시 투자 기준을 만든다.

우리는 쉽고, 빠르고, 고통 없이 돈을 모으는 행동이 합리적이라고 생각해 왔다. 이것들은 편하고 싶어서 하는 착각이다. 우리는 이미 알고 있다. 고생스럽고 어렵게 돈을 벌어야 미래에도 내 수중에 돈이 남아 있다는 것을 말이다. 누군가는 반론을 할 수 있을 것이다. 벼락부자가 얼마나 많은데 힘들게 돈을 벌어야 하냐고. 그럼 이렇게 물어보겠다. '주변에 벼락부자가 몇 명이나 됩니까?' 보통은 많지 않을 거다. 심지어 한 명도 없을 수 있다. 그럼 지금 내 상황에 맞는 돈 공부를 하는 것이 맞지 않을까? 쉽고, 빠르고, 고통 없이 돈을 모으려는 것이 아니라 실패를 분석하고, 생각하고, 고민하는 공부 말이다. 이런 것이 메타인지 경제교육의 방향이다.

5

첫 번째 돈 공부
– Seek Goal
(인생 목표를 찾아야 한다)

"목표란 절대 쉬워서는 안 된다. 물론 그때는 당신을 불편하게 만들 수 있지만, 목표가 당신을 움직이게 하기 때문이다."

- 마이클 펠프스

'seek'이라는 영어 단어가 있다. '무언가를 발견하기 위해서 찾는다.'라는 뜻이다. 세상을 살아가면서 종종 방황한다. 한참 방황하다 보면 결국 나 자신을 돌아본다. 무엇이 보일까? 항상 찾는 것은 잃어버린 목표다. 방황을 종식하는 방법은 여러 가지 있지만, 목표를 찾는 것도 좋은 방법의 하나다. 목표를 찾더라도 일정 시간이 지나면 다시 방황하는 것이 인생이다. 그럼 다시 고민하고 방법을 찾아가다 보면 인생의 목표가 구체화된다. 이런 일련의 과정을 'Seek Goal'이라고 이야기한다.

경제 이야기를 할 때는 인생 목표를 빼놓을 수가 없다. 돈이라는 것이 인생의 전부는 아니지만 필요조건이기 때문이다. 돈을 벌어서 무엇을 할 건지 정하지 않는다면 그저 자린고비나 스크루지가 될 뿐이다. 따라서 돈을 벌어서 무엇을 해야 할지가 인생 목표에 들어가기도 하고, 인생 목표를 이루기 위해 얼마만큼의 돈이 필요한지 정하는 것도 필요하다. 인생의 목표와 돈은 뗄 수 없는 관계다.

인생 목표를 만들어 보자

인생 목표 만들기를 이야기할 때 두 가지 방향을 제안한다. 사람 성향에 따라서 다르기에 맞는 방법을 쓰는 게 좋다.

목표가 뚜렷하고 정리를 잘하는 사람에게는 인생의 가장 큰 목표를 정하라고 이야기한다. 목표가 행복한 삶이 되기도 하고, 사회적 성공이 되기도 한다. 본인의 가치관에서 나오는 최우선의 목표다. 최우선 목표 밑으로 4개의 중간기준을 잡으라고 이야기한다.

정리를 잘하지 못하는 사람에게는 하고 싶은 일들을 먼저 다 적어 보라고 한다. 다 적은 것을 4개 정도로 그룹핑하고, 4개의 그룹에서 가장 중요한 목표 하나를 뽑는 작업을 하게 한다.

4가지 중간기준을 정하는 이유는 삶을 살아가는 방향이 하나가 아니기 때문이다. 예를 들어. 인생의 목표를 행복하게 살기라고 잡았다면 행복하기 위한 4가지 조건을 만든다. 경제생활, 자아성취, 사회생활, 가족관계, 종교활동, 봉사활동, 인간관계 등 본인이 중요하다고 생각하는 것 4개를 만드는 것이다. 4가지 중에 경제생활은 꼭 들어가야 한다. 앞에서 이야기했지만, 삶의 목표에서 경제가 충분조건은 아니지만 필요조건이기 때문이다.

4가지 중간기준이 설정되었으면 기준별 목표를 1~2가지를 적는다.

경제생활: 60대까지 30억 자산가 되기

자아성취: 죽기 전까지 책 20권 쓰기

사회생활: 70대까지 지속적인 사회 생활하기

가족관계: 아이 둘 낳고, 죽기 전까지 매년 한 번씩 꼭 가족여행 가기

여기까지만 적어 놓아도 기분이 좋다. 목표를 향해 나아가는 삶은 열정을 끌어올리기 때문이다. 마지막으로 4가지 중간기준의 세부 목표를 정해 본다. 세부 목표가 없는 계획은 이루어지기 어렵다. 5년 혹은 10년 단위의 세부 계획을 작성해 보는 것이다.

정리하면 다음과 같다.

1. 먼저 내가 왜 살고, 어떻게 살고 싶은지 1~2줄로 삶의 방향을 정의 내린다.

2. 삶의 방향에 따라서 4가지 카테고리를 만든다. 하나의 카테고리는 무조건 경제를 넣는다. 나머지 3개의 카테고리는 본인의 방향을 적어 본다. 여행, 종교, 가족, 직장, 자아, 공부 등 무엇이 되어도 좋다. 내가 생각하는 인생 방향의 4가지 카테고리를 만든다.

3. 카테고리별 최종목표를 91~100세 칸에 넣는다.

4. 카테고리별로 10년 단위의 작은 목표들을 적어 본다.

5. 초안을 가지고 천천히 세부 계획을 만들어 본다.

6. 싱글이라면 혼자, 커플이라면 둘이서 대화하면서 만들어 간다.

나이	경제생활	(예: 가정생활)	(예: 사회생활)	(예: 자아성취)
91 ~ 100세				
81 ~ 90세				
71 ~ 80세				
61 ~ 70세				
51 ~ 60세				
41 ~ 50세				
31 ~ 40세				
21 ~ 30세				

(예시: 인생의 4가지 방향 정하기)

첫 기틀을 잡는 데는 1~2시간 정도 시간이 필요했지만, 완벽하게 완성하는 3년이 걸렸다. 나는 인생 목표가 부자가 되는 길잡이가 되었다.

부동산 관련 기사에 이런 제목이 있었다. "숨만 쉬고 22년 저축해야… 직장인 서울집 마련 -매일경제. 2021.03.21." 나는 동의하지 않는다. 돈을 22년 동안 저축하면서 단순 저축만을 할 것이 아니라 투자해서 불려야 한다. 그런데 단순히 저축으로만 이야기해서 사람의 기를 죽인다. 투자를 하다 보면 정부 정책이나 투자 방향에 따라서 예상 못한 곳에서 많은 수익이 난다. 수치상으로 설명하기 참 난해하다. 수치가 아닌 내가 원하는 경제목표를 만들고 세부 활동 계획을 세워야 한다. 그리고 실행이다. 그럼 어느 순간 비슷하게 목표를 이루게 된다.

경제목표를 포함한 인생 목표 만들기가 어렵고 시간이 필요한 작업이지만, 나의 미래 그리고 우리 아이들의 미래를 위해서 꼭 한 번쯤은 해보시길 부탁한다. 인생 목표를 찾는 seek goal 작업이 분명 삶의 가치를 높여줄 것이기 때문이다.

6

두 번째 돈 공부
- Save Money
(저축은 기본이다)

"쓰기 전에 먼저 저축하라, 그 반대가 되지 말고."
-워런 버핏

오랜만에 신입사원이 된 후배랑 저녁을 먹었다. 한참 이야기하는데 돈이 없다는 거다. 속으로 학자금 대출이 있었나 했다. 술이한 잔 들어가니 후배가 급 자기반성을 한다. 입사해서 돈이 들어오는 것이 너무 좋아서 카드로 생색도 내고 가방과 옷 등도 질렀단다. 2~3달 지나서 카드값을 보니 월급으로 감당이 안돼서 지금허리띠 졸라매고 정신 차리려니 힘들다고 하소연을 했다.

어릴 때부터 돈 공부가 되어 있지 않으면 갑자기 들어오는 돈을 처리하지 못하고 써버린다. 돈이 들어와서 통장에 넣어놓고 한 달만 지나도 적응이 되는데, 그 한 달을 참지 못한 것이다.

IRP(개인형 퇴직연금) 통장이라고 있다. IRP 통장에는 회사원이 퇴직할 때 퇴직금이 입금된다. 회사원이 퇴직금을 받으려면 IRP 통장을 강제로 만들어야 한다. 그리고 퇴직금을 찾기 위해서는 통장을 해지해야 한다. 입출금 통장이 아닌 연금 통장이기 때문에 일부 출금도 되지 않는다. IRP 통장을 만든 이유는 심리학에서 비롯되었다. 첫 번째, 퇴직금을 받기 위해서는 통장을 만드는 불편함을 준다. 여기서 돈에 대한 인지가 생긴다. 두 번째, 돈을 개인적으로 쓰기 위해서는 통장을 해지해야 하는 불편함이 생긴다. 일부는 불편함을 이기고 해지하겠지만, 일부는 불편해서 내버려둔다. 내버려 둔 돈은 자연스럽게 연금으로 넘어가기도 하고, 혹시 찾아서 쓴다고 해도 퇴직금을 받은 시점에서 시간이 지났기 때문에 퇴직금을 공짜로 얻은 돈으로 보지 않고 객관적인 내 돈으로 보게 된다.

돈이 생기면 저축을 해야 하는 이유다. 만약에 월급이나 아르바이트비 100만 원이 생겼다고 하자. 열심히 일했으니 최소 10%는 나를 위해 쓰고 싶은 마음이 확 올라온다. 굳이 살 것도 없는데 왠지 써야 할 것 같은 생각이 든다. 그런 생각이 든다면 우선 통장에 넣어 놓는 것이다. 일주일쯤 지나서 통장에 있는 돈을 보게 되면 돈이 아까워서 나를 위해 10만 원을 쓰지 못한다. 통장의 돈을 객관적으로 보게 되는 것이다. 그때야 비로소 진정한 내 돈이 된다.

저축에도 목표가 있어야 한다

Seek Goal에서 경제생활 목표를 정해야 한다고 했다. 목표가 없으면 저축이 재미가 없고 의지가 생기지 않는다. 나는 10대 때 돈을 모아서 비디오 플레이어를 사고 싶었다. 6년을 모아서 샀었다. 지금 우리 아이들은 돈을 모아서 닌텐도 스위치를 사고 싶어 한다. 꾸준히 용돈을 모으고 있다. 아마 목표치만큼 용돈을 모을 때쯤이면 다른 것이 사고 싶을 수도 있을 것 같다. 아이들에게 돈을 모으는 이유를 만들어 줘야 한다. 목표를 정하고 목표치까지 모아서 소비하는 것을 경험하게 해줘야 한다.

신입사원이라면 7년에 1억 모으기 같은 목표가 좋다. 25~27살 정도에 신입사원이 된다면 7년 지나면 32~35살 정도가 되는데, 결혼을 하게 되는 시기다. 내가 1억이 있다면 배우자도 1억 정도 있는 사람을 만날 확률이 높다. 정말 잘생기거나 미녀가 아니라면 비슷한 사람끼리 만날 확률이 높다. 배우자가 서로 돈을 모아서 결혼을 할 수도 있고 투자를 할 수도 있다. 선택은 배우자 서로가 대화를 통해서 만들어 가야 한다.

만약 결혼하지 않는다면 독립 자금과 투자 자금으로 사용할 수 있다. 비혼을 선언하는 사람들이 많아지는데, 혼자 살려면 특히

나 돈이 더욱 중요하다.

　가정이 있는 사람이라면 우선 가계부를 적어 보는 것이 좋다. 돈의 흐름을 알아야 얼마를 줄이고, 얼마를 모을지 알 수 있기 때문이다. 가계부가 귀찮다면 최소 생활비를 제외하고 전부 저축하는 방법을 추천한다. 저축의 목적은 내 집 마련이 첫 번째다. 집이 있는 사람이라면 집의 업그레이드를 목표로 삼아도 좋고 투자를 위한 저축이어도 좋다. 중요한 것은 목표가 있다는 것이다.

저축은 이자도 적은데?

　최근에 저축을 무시하는 사람들이 많아졌다. 가장 큰 이유는 금리가 내려갔기 때문이다. 은행에 넣어봐야 실제 1%로도 이자를 받기 어렵다. 그런데 저축을 무시하는 사람들에게 반문하고 싶다. 100만 원으로 3인 가족이 10년을 살아본 적이 있나요? 6개월 만에 천만 원 모아 본 적이 있나요? 7년에 1억 모아 본 적이 있나요? 실제로 주변에 재테크를 잘해서 잘살고 있는 사람들의 과거 모습이다. 처음은 모두 저축부터 시작했다. 일반은행, 저축은행, CMA, MMF 등 여러 방법으로 저축을 했다. 그리고 돈이 모인 후에 부동산, 주식, 보험, 채권, P2P 등 본인이 선호하는 방법으로 투자를 이어나갔다. 지금은 강의하는 사람도 있고, 은퇴해서 전원주택에서 사는 사람도 있다.

투자는 저축하고 나서 하는 것이다. 처음부터 투자를 시작하면 바닥공사를 하지 않고 집을 짓는 것과 같다. 언제 기울어질지 모르는 집 말이다. 저축을 하면서 가장 안전한 단계의 투자부터 연습해야 한다. 어느 정도 마음의 준비가 끝났다면, 그 이후에 부동산이나 주식 등에 투자해라. 돈을 모으고 보관하는 능력이 없는 상태에서 투자에 성공하면 돈에 대한 관리가 되지 않는다.

잊지 말기를 바란다. 저축은 돈 공부와 투자의 기본이다.

7

세 번째 돈 공부
– Study Investment
(공부하고 투자하라)

"공부하지 않고 투자하는 것은 포커하면서 카드도 안 쳐다보는 것과 다름없다."

-피터 린치

독실한 한 남자가 몇 년간 신실하게 하나님께 소원을 빌었다.

"하나님, 제가 복권 1등에 당첨되게 해주세요. 이렇게 정성을 다해서 기도를 드립니다."

어느 날 하나님이 꿈에 나타나셔서 한마디 하셨다.

"야, 복권을 사야지 당첨되게 해줄 것 아냐."

이 우화에는 두 가지 큰 교훈이 있다. 하나는 인생에는 공짜가 없다는 것이다. 복권 1등에 당첨이 되기 위해서 오랫동안 기도라는 노력을 했기에 하나님이 나타난 것이다. 노력해야 무엇인가를 얻을 수 있다. 두 번째 교훈은 움직여야 한다는 점이다. 기도만 한다고 되는 것이 아니라 복권을 사러 움직여야 한다. 복권이 올바른 투자라고 보지 않기 때문에 성장 가능성이 큰 기업 주식을 산후 회사가 잘되라고 기도하는 것이 올바르지 않을까 하고 생각해 본다.

세상에 공짜는 없다

계속 이야기하지만, 인생을 살면서 아이들에게 한마디만 남기라고 한다면, 나는 주저 없이 "세상에 공짜는 없다"를 선택한다. 정말 운이 좋은 사람은 벼락부자가 될 수도 있겠지만, 얼마나 오래 가겠는가? 관리에 대한 제대로 된 공부가 없다면 금세 사라질 것이다. 내가 아무리 돈을 많이 벌어도 우리 아이들에게 돈 관리에 대한 공부를 시키지 않았다면 물려받은 재산은 금세 사라질 것이다.

주변에서 많이 들은 이야기다. 결혼할 때는 집안이 부자였는데 결혼하고 나서 쫄딱 망했다고 한다. 한 집은 아들이 사업한다고 들어먹었고, 다른 한 집은 보증 서서 가지고 있던 건물에 빨간딱지가 덕지덕지 붙었다. 자녀들에게 아무리 많은 재산을 넘겨준다고 해도 돈 공부가 없다면 어느새 사라질 것이다.

　30만 원 이상 결재하면 휴대폰 요금이 할인되는 신용카드를 사용한다. 카드 콜센터에는 30만 원 이상 썼는데 왜 요금할인이 안 되냐고 항의 전화가 자주 온다. 카드 가입 시 약관을 확인하지 않은 거다. 카드 이용금액 제외실적 항목에 지방세, 할인받은 항목 같은 예외 사항이 있는데 무작정 사용하고 항의를 한다. 카드사는 최대한 할인을 해주지 않으려고 많이 고민하는데, 사용자가 공부하지 않으면 발생하는 일이다.

　몇억짜리 아파트를 사면서 어디에 사면 좋겠냐고 물어보는 사람이 있다. 고수들이 이런 질문에 어떻게 대답할까? 모른다고 한다. 나라면 이렇게 질문을 하겠다.

　"내가 OOO 동의 △△△아파트를 사려고 하는데 현장에 가 보니 초등학교도 가깝고, 생활 인프라도 잘되어 있더군요. GTX 호재까지 있는데 가격은 4억대 초반이더라고요. 주변 시세가 4억 후반대라서 투자가치로 괜찮다고 보이는데 여기 투자로 들어가는 것 어떻게 생각하시나요?"

　누군가가 나에게 이렇게 물어본다면, 주변 아파트 실거래가와 각종 개발 호재 등을 함께 알아보고, 혹시 내가 모르는 것이 있다면 주변 고수들에게 문의해서라도 알려줄 것 같다. 이런 질문 덕분에 나도 새로운 지역 투자 공부를 할 수 있는 것이기 때문이다. 질문을 하더라도 공부하고 해야지 무턱대고 한다면 얻는 정보가 한정적이다.

올바르게 움직여야 한다

경제, 특히 돈에 관해서 공부할 때는 올바른 방향이 중요하다. 돈 공부에서 올바르다는 의미는 내가 성공할 것 같은 분야의 돈 공부를 해야 한다는 의미다.

처음 재테크를 시작했을 때는 무작정 강의를 듣고 강사들과 친분을 쌓으려고 노력했다. 몇 년을 하다 보니 진정한 고수와 무늬만 고수를 구별할 수 있었다. 진정한 고수들을 살펴보면, 모두 한 분야의 전문가였다. 상가 경매 고수, 아파트 분석 투자 고수, ELS 고수, 선물옵션 고수 등 각자의 분야를 깊게 파고 성공한 것이다. 이야기를 나누다 보면 주식 쪽 고수는 부동산을 잘 모르고, 부동산 쪽 고수는 주식을 잘 몰랐다. 아마도 모두 다 공부하기에는 시간이 부족했을 것이다. 물론 몇 년 동안 만나면서 살펴본 결과, 본인의 전공 분야에서 여유가 생기면 다른 분야로 확장을 해나가는 모습을 볼 수 있었다. 역시 고수들은 어느 순간 꼭대기에서 만나겠구나 하는 생각을 했다.

세 아이를 키우던 엄마가 있었다. 전셋집을 전전하다가 이러다 평생 내 집 한번 못 가질 것 같은 두려움에 빠졌다. 갑자기 경매 공부를 하다가 덜컥 빌라 한 채를 입찰해 버렸다. 그 이후에 여러 고통이 있었지만, 지금은 경매 고수로 이름을 날리고 있다. 물론 처음에는 남편이 대출받고 경매하는 것을 우려했다. 지금은 아내의 철저한 아군이 되어 있다.

사업을 하는 친구가 있다. 이 친구는 한 번도 빚을 낸 적이 없다. 왜 빚을 내지 않느냐고 물어봤더니 그냥 싫다는 것이다. 과거에 어떤 경험이 있었는지 모르겠지만, 무차입 경영을 통해서 지금까지도 잘하고 있다. 술 한 잔하면서 이야기해 보면, 앞으로도 빚은 내지 않을 거라고 한다. 본인의 가치관이다.

이렇듯 본인만의 길을 찾는 것이 올바르게 돈 공부를 하는 것이다. 주식, 부동산만이 돈 공부가 아니다. 대출을 받을까? 사업을 할까? 저축을 할까? 저작권 수입을 만들까? 투잡을 뛸까? 등 자산을 증가시키는 방법들 모두가 돈 공부다. 나는 투자도 싫고 빚내는 것도 싫다면 투잡, 쓰리잡을 뛰면서 절대적인 수입을 늘리면 된다. 늘어난 수입을 잘 관리해서 저축하는 것 또한 올바른 방법이다.

투자하기 위해서는 돈 공부를 해야 한다. 어디다 투자할 건지부터 어떻게 관리할 건지까지 공부가 어느 정도 되고 나서 투자를 해야 한다. 한 번에 잘하는 방법을 못 찾는다. 공부하고 작은 경험을 하다 보면 나에게 맞는 투자 방향을 찾을 수 있다. 그리고서 집중적으로 공부를 해야 한다. 그것이 올바른 투자 방향에 따른 공부법이다.

8

네 번째 돈 공부
– Set Mind
(마음공부가 필요하다)

"오늘은 힘들고, 내일은 더 힘들 것이다. 그러나 모레는 찬란할 것이다."

-잭 마윈

가치 투자라는 말을 들어보았는가? 값어치 있는 것에 투자하여 일정 기간이 지나서 이익을 내는 것을 말한다. 최근에 가장 대박 난 가치 투자는 비트코인이다. 2010년 비트코인의 가격은 10원도 하지 않았다. 그 당시 비트코인에 관심이 있었다. 나름 IT에서 일했기에 블록체인 기술을 알아보다가 발견한 것이다. 블록체인 기술을 알아보면서 미래가 바뀔 수 있다고 생각했지만, 사이버머니인 비트코인보다 실물경제가 더 좋았기에 무시했었다. 그래서 나는 비트코인에 투자하지 않았다. 그러던 비트코인이 지금 7,000만 원(2021년 기준)이 넘어갔다가 3,500만 원까지 떨어졌지만, 10원짜리가 3,500만 원이 되었으니 기다린 사람은 사실 대박이다.

블록체인이라는 기술을 믿은 사람은 비트코인을 채굴하거나 구매를 했을 것이다. 그런 사람들은 소위 말하는 대박이 났을까? 마음공부가 되어 있던 사람들은 대박이 났을 것이고, 마음공부가 부족한 사람들은 작은 수익이 났을 거다. 마음공부는 앞에서 이야기한 투자에 관한 공부와 연결이 되어 있다.

투자하기 위해서는 공부를 해야 한다. 예를 들면, S라는 회사를 분석해 보니 주식이 저평가되어 있다고 하자. 향후 5년간의 먹거리가 남아 있는 회사이기에 2~3년 안에 주식이 오를 거라고 판단도 된다. 매출도 계속 상승세다. 이제 이 주식에 가치 투자를 해보자. 먼저 수익률의 목표치를 정해야 한다. 가치 투자도 마냥 기다리는 것이 아니다. 30% 정도의 수익률을 목표로 삼는다고 하고 투자 금액을 정한다. 가치 투자는 언제 오를지 모르기 때문에 여유 자금으로 들어가야 한다. 천만 원 정도 여유 자금이 있다고 하고 천만 원을 가치 투자한다. 최종 투자하기 전에 나는 한 가지 더 확인한다. 투자할 회사의 문화와 CEO 마인드다. 가장 좋은 것은 투자할 회사의 사람을 만나는 것이다. 어렵다면 인터넷 검색을 해본다. 각종 취업사이트에서 회사에 대한 평가를 알아본다. 잡지나 신문 기사의 CEO 인터뷰를 분석해 본다. 이 정도만 해도 최소한 회사의 평판을 판단할 수 있다.

여러 과정을 거쳐서 최종 천만 원의 주식투자를 했다. 그런데 투자한 시점부터 주식이 빠지기 시작하더니 원금이 500만 원으로 줄어 버렸다. 그럼 이때 다시 한 번 회사 분석을 해본다. 처음 분석한 것과 비슷한지, 다른 악재가 있는지 보는 거다.

여기서 마음공부의 핵심이 나온다. 분석해 보니 회사에 전혀 문제가 없다면, 속은 쓰리지만 기다려야 한다. 기간이 1년이 될지, 2년이 될지 모르지만 내가 판단한 가치까지 주식이 오를 거라 믿고 기다리는 거다. 초조해 하거나 짜증 내지 말고, 내가 판단한 것을 믿고 담담히 기다리는 것이다. 이런 것이 마음공부다.

그런데 세세히 분석해 보니 내가 미처 판단하지 못한 큰 문제가 있는 회사였다. 그 덕분에 지금 주식이 500만 원이 되었지만, 더 떨어질 확률이 높다. 그럼 과감히 포기하고 정리해야 한다. 이런 것도 마음공부다.

손해는 실패가 아니다. 손해와 실패를 착각하면 안 된다. 손해를 왜 봤는지 다시 분석하고 투자하면 된다. 물론 500만 원을 다시 천만 원 이상으로 만드는 데 긴 시간이 걸릴 수 있다. 그 기간을 버티면서 꾸준히 투자하는 것 또한 마음공부다.

마음공부의 방향

마음공부의 핵심은 세 가지다.

1. 주변에 흔들리지 않고 나를 믿는 마음
2. 정확한 사실을 외면하지 않고 직시하는 마음
3. 과대 상상하지 않는 마음

주식이나 부동산을 분석하고 투자하다보면, 옆에서 코인으로 돈 번 사람들이 보인다. 그건 그 사람들의 운 또는 노력이다. 내가 분석하고 판단했다면, 나를 믿고 앞으로 나아가야 한다.

그렇다고 독선적이 되라는 것이 아니다. 내가 투자한 것을 객관적으로 봐야 한다. 마치 유령이 되어서 하늘 위에서 관찰하는 듯한 마음으로 보는 거다. 투자한 것들에 대해 객관적인 지표들이 안 좋은 방향으로 흘러간다면, 사실을 외면하지 말고 손절매하고 몸을 사려야 한다. 주변에 흔들리지 말라는 것이 주변의 말을 듣지 말라는 것이 아니다. 주변의 말 중에 의심스러운 부분이 있으면 다시 알아보고 파악해야 한다. 그러다 내가 판단한 것과 다른 결론이 나오면 바로 바꿔야 한다. 대부분이 손해를 보게 되면 사실을 외면한다. 잔인하더라도 사실을 직시하는 마음이 필요하다.

100만 원을 손해 보고 세상 다 산 표정으로 좌절하는 사람이 있다. 전 재산을 다 날렸다면 모르겠으나, 그런 것이 아니라면 손해는 일종의 공부다. 공부했으니 다시 벌 수 있다. 잃은 것에 집착해서 죽고 싶다는 과대 상상을 하지 말아야 한다.

이익에 대해서도 마찬가지. "지금 이 회사가 잘 나가니까 6개월 안에 주식이 두 배가 될 거야." 하면서 투자하는 사람들이 있다. 과대 상상이다. "두 배까지 오를 확률이 있다."가 되어야 한다. 반대로 절반으로 폭락할 수 있는 것이 주식시장이다. 과대 상상하지 말고 정확한 사실 바탕의 생각을 해야 한다.

마음공부를 하는 방법

사람마다 마음공부를 하는 방법은 다양하다. 어떤 사람은 철학책, 인문학책, 수필집을 이용하기도 한다. 멘토를 찾아다니기도 하고, 강의를 통해서 마음공부를 하는 사람도 있다. 방법은 각자 삶의 과정에 따라서 나온다.

나의 마음공부 방법은 두 가지다. 하나는 가족이다. 결혼하기 전에 내 심리적 문제는 우울증, 남들과의 비교, 자학 이런 것들이었다. 항상 긍정적인 아내를 보면서 삶을 다시 배웠다. 아이들이 태어나면서 부끄럽지 않은 아빠가 되기 위해 바꾸려고 노력했다. 덕분에 과대 상상하지 않은 마음을 배워가는 중이다.

두 번째는 자기계발서 읽기다. 그중에서도 짧은 글로 긴 감동을 주는 책을 좋아한다. 존 고든 작가의 책이 그렇고, 한상복 작가의 책이 그렇다. 읽으면서 계속 마음을 다잡는다. 자기계발서를 싫어하는 사람들이 있다. 대부분 책이 똑같은 이야기를 한다는 것이다. 그 말에 나도 동의한다. 하지만 나는 그 책들을 다 외우지 못한다. 그리고 완벽하게 이해하지 못한다. 그러기에 계속 읽는 거다. 나이 먹으면서 점점 기억력도 감퇴가 되어 가는 것 같다.

마음공부는 한 번 해서 되는 것이 아니다. 평생 꾸준히 해나가야 한다. 내가 부자로 살고 싶고, 행복하게 살고 싶다면 결코 놓쳐서는 안되는 평생 공부 중 하나다.

9

다섯 번째 돈 공부
– Supervise asset
(관리가 없으면 수익도 없다)

"끝날 때까지 끝난 것이 아니다."

-요기 베라

재테크 책으로 독서토론을 하고 있을 때였다. 한 분이 돈 관리에 대한 경험을 나눠주었다. 예전에 동탄 신도시가 들어올 때 근방 은행에서 근무했었다고 한다.

"신도시에 돈이 풀리니까 사람들이 주체를 못하더라고요. 무조건 벤츠 e 클래스를 사시는데, 트렁크에는 삽하고 곡괭이가 들어 있었어요. 일은 해야겠고 돈도 써야 하니 샀다고 그러더라고요. 그런데 몇 년 지나니까 동네가 난리가 아니었어요. 대략 절반

정도는 파산 수준이더라고요. 여러 사정이 있었겠지만, 관리를 못해서 그런 것 같아요. 왜 그런 거 있잖아요. 복권 당첨자들의 안좋은 소식 듣는 것처럼요."

돈 공부 방법의 마지막 이야기는 자산관리다. 아무리 벌어도 관리가 되지 않으면 바가지에 돈을 넣고 뒤집어 버리는 것과 같다. 떨어진 돈은 바람에 날아가 사라진다.

회사 경영과 재테크는 일치한다. 회사 창업 초기에는 성공을 위해서 모든 것을 때려 박으며 투자한다. 어느 정도 자리를 잡은 이후에는 직원 복지, 투자 유치, 자금 관리 등으로 신경을 쓰면서도 한편으로 신규 사업 거리를 계속 찾는다. 관리를 잘하고 사업 거리를 찾은 회사는 생명이 지속되지만, 그러지 못한 회사는 망한다. 회사에서 아무리 좋은 제품을 개발했어도 금세 비슷한 경쟁상대가 나타난다. 영원한 독점도 없고, 영원한 안정도 없다. 내부 관리와 신규 사업 발굴이 지속되어야 한다.

재테크도 마찬가지다. 초기에는 영끌까지 해서 투자하여 수익의 극대화를 만든다. 일정 자산이 만들어지면 관리에 들어간다. 위험한 투자와 안전한 투자를 배분하는 것이다. 주기적으로 공부해서 새로운 투자처도 찾는다. 알다시피 은행 금리는 계속 최저를 찍고 있고, ELS 수익률도 떨어지고 있다. 최근 트랜드는 미국 ETF 투자다. 시간이 지나면서 급부상하는 투자처들이 나타난다.

전통적인 부동산, 주식, 채권은 기본적으로 운영을 하면서 신규 투자처 또는 투자 방법을 계속 찾는다.

따라서 자산관리(Supervise asset)는 두 가지 측면을 생각해야 한다. 내 자산을 잘 관리해서 손실이 나지 않게 하는 것이 하나고, 신규 투자처를 찾아서 자산을 증식하는 것이 두 번째다. 결코 손실 나지 않게 잘 관리하는 것만이 자산관리가 아니다.

장기 투자와 단기 투자

자산관리를 위해서 장기 투자와 단기 투자 중 어느 것이 맞을까? 단기, 중기, 장기를 적절히 섞어야 한다. 대표적인 장기 투자는 부동산이다. 부동산도 오를 거라고 분석한 곳에 5~10년 정도 가지고 있다가 적당한 가격에 판매한다. 올바른 장기 투자를 위해서 분석한 후에 투자하고 판매를 하는 것이다.

주식은 중단기 투자다. 5년 이상씩 장기로 보유하는 장기 투자는 아니다. 주식을 하다 보면 우량주에 투자한 후 잊어버리고 있으라는 이야기를 많이 한다. 잊고 있으면 자산관리가 아니다. 주식은 가치 있는 회사에 투자한 후 적정 수익이 나면 파는 것이다.

사람들의 말대로 장기 투자한다는 가정을 세우고 5년 우량주 투자의 시뮬레이션을 해봤다.

2010년 시총 상위 10위 기업 중 5개 기업에 천만 원씩 투자했다고 해보자. 5개 기업은 임의로 삼성전자, 포스코, 현대자동차, KB금융, 한국전력으로 해보았다. 2010년 1월 4일에 각각 천만 원을 투자했다고 치고, 5년 후인 2015년 1월 2일에 종가기준으로 확인해 보니 실제 투자했다면 억울했을 만큼의 수익률을 가져다 주었다.

투자 종목	2010년 1월 4일 종가	2015년 1월 2일 종가	수익률	수익금액
삼성전자	809,000원	1,330,000원	64%	6,440,049원
포스코	612,000원	283,500원	-54%	-5,367,647원
현대차	119,000원	169,000원	42%	4,201,681원
KB금융	59,400원	36,000원	-39%	-3,939,394원
한국전력	34,250원	42,700원	25%	2,467,153원

5천만 원을 5년간 우량주에 넣었더니 수익으로 3,801,842원이 되었다. 5년간 수익률이 7.6%이고 연으로 따지면 1.5%다. 은행에 넣은 것보다 못한 수익률이 되었다.

주식은 기준을 정해야 한다. 분석한 후에 가치주라고 판단하면 5년 이내에 매도한다 생각하고, 예상 수익률이 나면 기준에 따라서 매도해야 한다. 보유하고만 있다면 투자하는 것이 아니라 보관하는 것이다.

주식을 하지 말라는 말이 아니라 주식을 하려면 공부하고 적정 가격에서 매도와 매수를 하는 능력을 키우라는 이야기다. 가만히 내버려 두면 주식을 운에 맡기는 꼴이 된다. 경제 공부 없이 우량주에만 투자한다면 결코 수익을 낼 수 없다. 우량주에 투자하더라도 경제 상황에 따라서 투자 주식이 바뀌어야 한다.

자산관리(Supervise asset)도 습관이다

자산 관리할 돈도 없다고 짜증 낼 수도 있다. 그럴수록 관리를 해야 한다. 자산관리는 습관이다. 한번 한다고 되는 것이 아니고 지속해서 쌓아가야 한다. 투자하여 수익을 내고, 수익금을 관리한다. 그러면서 차근차근 배워 나가야 한다. 무엇이든지 급하게 되는 것은 없다. 회사들도 자산관리를 못하면 망해 나간다. 기사를 살펴보면 매출 600억 원의 회사가 단돈 100만 원에 인수되기도 한다. 경영악화로 생긴 200억의 부채 때문이다.

가정 경제도 마찬가지다. 자산관리를 하지 못하면 단돈 100만 원 때문에 집에 빨간딱지가 붙을 수도 있다.

자산관리 습관을 만들기 위해 메타인지는 중요하다. 내가 얼마나 있고, 얼마를 투자하고, 어디에 저축을 하며, 얼마의 이익이 발생될 것인지 계속 모니터링을 해야 하기 때문이다. 지속적인 내 자산의 모니터링이 습관이 되어야 한다.

투자의 마지막과 새로운 시작은 자산관리다. 자산관리야말로 돈 공부에서 가장 중요한 포인트다. 돈을 많이 벌었다고 끝이 아니다. 지속해서 손실 내지 않으면서 투자해야 한다. 돈 공부에 끝이 없는 것 같다. 죽기 전까지 돈은 필요하니까 말이다.

10
자녀 학년별 메타인지 경제교육에 대한 아이디어

"지금까지 자녀와 함께 어떤 경제교육을 하셨나요?"

우리 부모님 세대는 돈에 관해서 이야기하는 것을 터부시했다. 특히 아이들과 함께 가정의 자산에 대해 이야기하지 않았다. 물론 돈이 없으면 부모로서 부족하다고 생각하게 된다. 부모는 언제나 자신감 있고 든든한 모습만 보여주고 싶기 때문이다. 하지만 어렵다고 가족과 상의 없이 대출을 받거나 사채를 쓰다가 집에 빨간딱지가 붙으면 문제가 더 커진다.

중·고등학생 아이들은 어리지 않다. 생각도 많고, 고민도 많다. 가정이 어렵다면 그 어려운 이야기를 함께 할 수 있고, 부족한 자산을 어떻게 만들어 갈 건지 이야기를 나눌 수 있는 나이다. 부모가 자녀와 함께 자산에 대해 이야기를 하는 것이 현재 우리 가족의 모습을 명확하게 알려주고, 미래에 대한 희망을 주는 것이다. 더불어 자녀가 부모의 노력을 고마워하게 만들 수 있다.

예를 들면, 가정의 수입·지출이 계속 마이너스인 데도 자녀를 월 100~200만 원 하는 학원에 계속 보내는 것은 잘못된 것이다. 자녀에게 가정의 경제 상황을 알려주고 자녀가 최적의 방법을 스스로 찾을 수 있도록 가이드해야 한다. e러닝이나 유튜브를 이용하고, 방학 때만 학원을 이용하는 등의 방법을 아이도 생각할 수 있기 때문이다. 본인이 결정해야 실행도 적극적으로 한다.

물론 부모로서 가슴 아픈 상황이지만, 계속해서 마이너스가 되면 모든 가족이 쓰러질 수 있다. 함께 이야기하고 방향을 찾아가는 것이 가족 모두가 살아남는 방법이 될 수 있다.

자녀를 키우고 있는 아빠로서 경제교육은 계속 고민하게 하는 주제다. 지금까지 아이들과 하고 있고, 앞으로 하려고 하는 경제교육이 있다. 아이디어 차원에서 공유하니, 자녀를 키우는 부모님들이 참고하였으면 좋겠다.

유아 메타인지 경제교육 - 경제야 놀자

영아에게 경제교육을 하는 것은 시기상조다. 만 36개월이 넘어가는 유아 시절부터 조금씩 경제교육을 시작해야 한다.

유아 경제교육의 목적은 개념 이해다. 돈을 주면 물건을 살 수 있다거나, 단위가 큰돈을 주면 거스름돈을 받는다는 개념을 알려주는 것이다. 이때 현금을 사용해야 한다. 미래 사회에는 분명 현금을 사용하지 않을 수 있다. 하지만 처음 경제 개념을 알려줄 때 카드를 사용하면 돈이라는 물질을 아이가 이해하지 못한다.

만약 아이에게 현금을 쥐어주는 것이 싫다면, 집에서만 통용되는 화폐를 만들어 보는 것도 좋다. 함께 공부하는 아빠 한 분은 아이에게 화폐를 아빠 은행에 저금하게 한 후 이자를 줌으로써 저축과 투자에 대한 개념을 알려주고 있다.

유아한테는 경제교육으로 접근하는 것보다 경제 놀이로 접근하는 것이 좋다. 시장 놀이, 마트 놀이 등 물건을 사고파는 개념을 부모가 함께 놀이로서 접근하여 이해시키는 것이 좋다. 어느 정도 놀이에 익숙해지면 실제 현금을 가지고 마트나 편의점에 방문해서 경험을 늘려주는 것이다. 지속적인 경험을 통해 궁극적 목적인 기본 개념 이해를 만들어 간다.

초등학생 메타인지 경제교육 - 모니터링을 시작한다

초등학생은 자녀의 인지 능력에 따라서 공부의 수준을 정한다. 보통은 4학년 정도 되면 부쩍 큰다. 그래서 저학년과 고학년으로 나누어서 교육을 진행하지만, 만약 내 아이 인지 능력이 좋다면 빨리, 느리다면 천천히 시작해도 된다. 언제 시작하는 것이 중요한 것이 아니라 경제 습관을 만드는 것이 중요한 시기이기 때문이다.

초등 저학년이라면 유아 교육의 연장으로 게임을 통해서 돈의 개념을 만들어 가는 것을 추천한다. 금융감독원이나 신용회복위원회 같은 곳을 알아보면 경제 관련 보드게임들이 꽤 있다. 종종 하는 이벤트를 통해서 무료로 받을 수도 있다. 쉽고 간단한 게임들이어서 아이들이 재미있어 한다. 성인이 보기에는 단순하지만, 아이들은 재미있어 한다.

초등학교 입학 기념으로 통장을 만들어 주는 것도 좋다. 보통 신생아 때 통장을 만드는데, 그 통장을 활용해도 되고 새로 만들어 줘도 된다. 자녀의 통장을 만드는 과정이 귀찮기는 하지만, 경제교육이라고 생각하고 시간 투자를 하자. 통장과 현금카드를 만들어서 세뱃돈을 받거나 용돈을 받으면 분기에 한 번 정도 은행에 가서 저축한다. 만약 중간에 아이가 돈이 필요하다고 하면 현금카드로 돈을 인출한다. 체크카드를 만드는 것이 부모도 편하고 아이도 편하지만, 우리는 경제교육을 하는 중이다. 교육은 귀찮고 힘들어야 머리에 박힌다.

초등 고학년이라면 노동을 통해서 용돈을 받을 수 있도록 한다. 그리고 간단하게 용돈 기입장을 작성한다. 일주일에 2~3천 원 정도 용돈을 벌 수 있도록 일거리를 만들어 준다. 이불 개기, 빨래 개기, 청소하기, 정리하기 등 집안에서 쉽게 할 수 있는 일들이지만, 노동을 하고 용돈을 받는다는 개념을 알려주는 것이다.

용돈 기입장을 알려주고 한 달에 한 번 부모와 검토한다. 용돈이라는 것은 본인이 쓰고 싶은 것을 마음대로 할 수 있는 돈이다. 돈을 쓰는 것에 대해서는 뭐라고 하지 않아야 한다. 쓴 항목에 대해서 어떻게 하면 더 합리적으로 쓸 수 있을까에 대해서만 이야기해야 한다.

초등 고학년 경제교육의 목표는 노동을 통해서 돈을 벌고, 합리적인 소비 습관을 만들어 주는 것이다.

중·고등학생 메타인지 경제교육 – 한번 해보자

중학교 때부터는 투자의 기본적인 개념인 씨드머니를 모으는 연습을 시작한다. 초등학교 때 저축이라는 개념을 알려주었다면, 중학교 때는 왜 저축해야 하는지를 이야기해야 한다. 구체적인 목표를 정하는 것도 좋다. 대학교 등록금, 해외여행 비용, 원하는 물품의 구매 등을 정하고, 얼마의 비용이 필요한지 구체적으로 적어서 목표 금액을 모으는 연습을 한다.

돈이라는 것이 모으기만 하는 것이 아니라 원하는 것을 하는 데 필요한 것이라고 인지시켜야 한다. 이런 과정이 메타인지에서 말하는 모니터링 과정이다. 왜, 얼마나, 언제까지라는 질문을 던

지면서 경제교육을 해야 한다.

모니터링이 되었다면 정확한 실행을 해야 한다. 이것을 컨트롤이라고 한다. 적금, 예금, MMF, CMA 등 조금이라도 이자를 주는 상품에 투자한다. 투자의 기본인 "잃지 않는 법"을 알려주는 시기다. 더불어 이자를 통해 자산을 불리는 방법을 알아가는 시기다.

고등학생이 되면 직접적인 투자에 대해서 알려주는 것이 좋다. 여기서 중요한 것은 부모가 강요하면 안 된다. 자녀와 충분한 대화를 통해서 투자의 개념을 알려주고 투자를 직접 할 수 있도록 가이드를 해준다. 가장 중요한 것은 투자는 도박이 아니라 자산을 증가시키는 방법이기에 자산을 잃지 않아야 한다를 계속 알려주어야 한다. 메타인지 경제교육에서 중요한 모니터링은 투자와 투기를 구분하는 힘이다.

본인만의 혹은 가족만의 투자 기준을 만들어 봐야 한다. 우리 가족은 연 수익률 10% 이상은 투기로 본다. 물론 어느 해는 20~30%의 수익률이 날 수 있다. 그럼 다음 해는 2~3%의 수익이 날 수도 있다고 생각을 한다. 10년 정도 전체 평균이 10% 정도가 되도록 노력한다.

중·고등학생이 되면 주식통장을 만들어 주는 것도 좋다. 다만, 개별 투자가 아니 ETF나 ELS를 통해 주가지수에 투자하면서 경제의 흐름을 알아가게 해야 한다. ETF도 국내와 해외 ETF가 있는데, 관심 있는 기업이 속해 있는 ETF를 매매하면 된다.

실제로 주식을 하고 싶다면 증권사에서 제공하는 모의 주식투자를 추천한다. 게임처럼 자녀가 쉽게 접근할 수 있다.

부동산에 관심 있다면 함께 조사하고 임장하는 것도 좋다. 고1 때 확인했던 땅이나 아파트 가격이 고3 때 어떻게 변했는지 확인해 보는 거다. 세금 문제는 나중 이야기다. 내가 조사하고 임장한 기준을 검토해서 본인만의 기준을 만들어 가는 것이 중요하다.

리츠나 채권, 저작권 투자도 적은 금액으로 투자할 수 있는 상품들이기에, 고등학교 자녀가 있다면 이야기하고 본인 용돈으로 투자해서 수익을 내는 것을 연습해 보는 것도 좋다.

경제교육의 목적

계속 이야기하지만, 우리 아이들에게는 경제교육을 해주려는 것이지, 돈을 투자해서 어마어마한 수익을 만들어 주는 것이 아니다. 자산을 어떻게 하면 잃지 않고 불려 나갈지에 대해서 교육하는 것이다.

집짓기의 시작은 땅을 다지는 것부터다. 그리고 기둥을 세우고, 벽을 세우고, 지붕을 올린다. 마지막으로 내부 인테리어를 마무리해서 들어가 산다.

경제교육의 시작은 저축부터다. 그리고 기둥을 세우듯이 올바르게 모으고 쓰는 법을 익힌다. 벽을 세우듯이 경제 공부를 하고 지붕을 얹어서 내부가 안전하게 만드는 것처럼 내 돈을 잃지 않는 투자를 배운다. 마지막을 인테리어하듯이 세부적인 투자 공부를 하면서 자산을 조금씩 불려 나간다. 순서대로 하다 보면 집이 완성되듯 기본적인 경제교육은 완성이 된다.

집이 계속 노후화하여 수리하듯이, 경제도 새로운 것이 생길 때마다 공부하고 투자를 수정해 나가야 한다. 집이 수리가 가능한 이유는 땅을 잘 다지고, 단단히 기둥을 세우고, 지붕을 올렸기 때문이다. 우리 아이들의 경제교육이 잘되기 위해서는 부모가 코치가 되어서 처음부터 기초를 단단하게 다져주어야 한다. 내 아이만큼은 조금 일찍 돈 걱정 없이 살기를 바라는 것이 부모 마음 아닌가? 나보다는 아이들이 더 즐겁게 살기를 바라기에, 오늘도 아이들 경제교육을 고민하면서 하나씩 실천 중이다.

마치는 글

나는 부자의 길로 들어가고 있는데, 우리 아이들은 어떻게 경제교육을 해야 할까?

아이가 태어날 때는 그저 예뻤는데, 말을 하고 어린이집을 다니면서 고민이 시작되었습니다. 제가 어릴 때 경제 공부라는 개념 자체가 없었으니까요. 은행에서 하는 경제교육부터 온라인에서 하는 경제교육까지 아이들과 함께 참여했습니다. 역시 그때뿐이더군요. 집에서 습관을 만들어 주지 않으면 아이들은 그저 노는 것이었습니다.

이래서는 안 되겠다는 생각에 혼자 분연히 아이들에게 경제교육을 시작했습니다. 먼저 마트나 편의점에서 현금으로 직접 물건 사는 연습을 시켰지요. 모노폴리부터 용돈 게임까지 보드게임을 함께 했습니다. 돈을 모으고 쓰는 것을 알려주고 싶어서요.

초등학생이 되면서 함께 은행에 가서 계좌를 만들었습니다. 그리고 그동안 모아두었던 세뱃돈을 함께 입금했지요. 지금도 분기에 한 번 정도 모아 놓았던 돈을 입금하러 갑니다. 자주 갈 만큼 돈이 모이지는 않더군요.

글씨를 제대로 쓰기 시작하기에 용돈 기입장을 만들어 주었습니다. 부모가 많은 것을 사 주니 1주일에 1~2개 항목 정도만 쓰지만, 돈을 직접 관리하는 습관을 길러주고 싶었습니다.

용돈을 주어야 용돈 기입장을 쓰는 맛이 나기에, 노동을 통해서 용돈을 벌게 하고 있습니다. 1주일에 2~3천 원 정도 아이들이 벌고 있습니다. 간단한 노동이죠. 걸레질하기, 방 정리하기, 빨래 개기 같은 것들입니다.

몇 년 지나면 중학생이 될 겁니다. 그때가 되면 본격적인 경제 교육을 시작할 생각입니다. 주식통장을 만들고 채권, ETF, CMA 등을 알려 줄 생각입니다. 최근에 뜨고 있는 저작권 투자 등도 함께 이야기하면서 해볼 겁니다. 본인이 좋아하는 제품을 만드는 회사들의 ETF에 가입하고, 본인이 좋아하는 스타일의 노래에 투자하면서 경제에 관심을 두도록 하려는 것이죠.

고등학생쯤 되면 이 책을 보여주려고 합니다. '엄마, 아빠가 이렇게 힘들게 돈을 벌었고, 너희도 경제에 관심을 가지고 하나씩 했으면 좋겠다.'라고 이야기하면서요. 말로 하는 거보다 책 한 권 보여주는 것이 좋을 거란 생각을 해봅니다.

처음 초고에는 우리 부부의 이야기를 하지 않았습니다. 부자라고 말하기에는 부족함이 많아서 숨겨 두었지요. 글을 쓰다가 고민을 해봤습니다. '내가 독자라면 이 책을 읽고 작가는 과연 부자인가라고 물어볼 것 같은데?' 그래서 부족하나마 저희 부부가 부자의 길로 들어서고 있는 과정을 남겨 보았습니다.

부자가 되는 길은 많기에 이 책에서 이야기하는 것은 하나의 방향입니다. 우리 부부는 고민하고, 방향을 정했습니다. 함께 목표한 방향으로 10년 넘게 걸어가고 있습니다. 부자라는 목표로 가기 위해 옆길로 갔다가 돌아가기도 했습니다. 앞으로 4~5년 후에는 새로운 길로 들어갈 생각도 하고 있습니다. 세상에 안전하고 쉬운 투자는 없습니다. 항상 공부하고, 도전하고, 본인에게 맞는 방법을 찾아가야 합니다. 아마도 나이 70까지는 계속 투자에 관해 공부를 할 것 같습니다.

저와 함께 살아주면서 저의 자존감을 올려주는 아내님, 부족한 아빠지만 항상 사랑한다고 이야기해 주는 우리 아들, 딸, 항상 감사합니다. 저는 이런 가족을 위해서 계속 경제 공부를 할 예정입니다. 아이들과 함께 경제적 자유인이 되기 위해서 말입니다.

완성되지 않은 부자의 부족한 글을 끝까지 읽어 주셔서 감사합니다. 독자 분들도 함께 꾸준히 해나가셨으면 합니다. 아이들과 함께 경제적 자유인이 되기 위해 같이 걸어갑시다.

행복덩이 아빠 김진성

우리 집 부자교육

초판인쇄 2022년 4월 18일
초판발행 2022년 4월 22일

지은이 김진
발행인 조현수
펴낸곳 도서출판 프로방스
기획 조용재
마케팅 최관호
편집 권수현
디자인 호기심고양이

주소 경기도 고양시 일산동구 백석2동 1301-2
넥스빌오피스텔 704호
전화 031-925-5366~7
팩스 031-925-5368
이메일 provence70@naver.com
등록번호 제2016-000126호
등록 2016년 06월 23일

정가 15,000원
ISBN 979-11-6480-195-4 03320